König Lear (einsichtig, aber zu spät):
„Ich hätte sie noch retten können."

München, Herbst 2015

Sehr geehrter Herr Ministerpräsident Horst Seehofer,

was ist, wenn Sie sich irren?

Was ist, wenn wir nicht am Ende der Kapazitäten sind, was ist, wenn es nur an guten Lösungen fehlt? Sie wissen selbst, Herr Seehofer, es wäre nicht das erste Mal, dass Sie sich täuschen. Wenn es jemals Viagra auf Krankenschein geben werde, „dann erschieße ich mich". Das waren Ihre Worte im Jahr 1998. Viagra wird inzwischen verschrieben. Und zum Glück gibt es niemanden, der Sie beim Wort nehmen wollte. (Übrigens: Die Männer mit dem Viagra-Rezept sind keine notgeilen Kerle, sondern ganz einfach Patienten.) Als man sich in Europa darauf einigte, der Tabakindustrie die Stirn zu bieten und Zigarettenwerbung aus Zeitungen, Fernsehen und Kino zu verbannen, da erwiesen Sie sich als standhafter Blutsbruder des Marlboro Man und wollten das Verbot verhindern – als Gesundheitsminister! Auch hier kam es anders als von Horst Seehofer geplant. Dann gab es den sogenannten Bluterskandal, die größten Arzneimittelkatastrophe nach Contergan, und Sie haben sich für die „Fehleinschätzung der Bundesbehörden“ entschuldigt. Sogar bei der Maut, der Dritten Startbahn und dem Münchner Konzertsaal deutet erneut einiges darauf hin, dass Ihre einstigen Standpunkte eher eine kürzere Lebensdauer haben werden.

Geehrter Landesvater, somit könnte es doch durchaus sein, dass es auch in der aktuellen Flüchtlingsdebatte eine andere Wahrheit gibt als die Ihre.

Es soll hier aber nicht um das Rechthaben gehen, sondern um den Stil. Und der Stil der Auseinandersetzung ist, und damit meine ich die Meinungsmacher aller Seiten, wirklich grauenhaft. Alles ist dabei: unsachlich bis unwahr, dann wieder moralinsauer und oberlehrerhaft. Meine Frage: Hilft all das öffentliche Genöle und Gezerre, auch nur einen einzigen Schlafplatz für einen Flüchtling zu finden? Man kann nur hoffen, dass noch nicht alle syrischen Flüchtlinge Deutsch können. Sonst könnten sie verstehen, was ihnen der CSU-Geschäftsführer in Berlin aus der Zeitung zuruft: „Es gibt auch in Syrien Regionen, in denen man leben kann. Deutschland muss da, wo es geht, Flüchtlinge zurückschicken.“ Diese Aussage von Max Straubinger ist ja nicht nur inhaltlich falsch, denn es gibt keine sicheren Gebiete in Syrien, sondern hebelt auch das Grundgesetz aus, das da sagt: Menschen in den Krieg zurückschicken, ist verboten. Es wäre längst an der Zeit, nicht nur Flüchtlinge, sondern Ihre Parteimitglieder darauf hinzuweisen, dass sie sich an unsere Gesetze halten sollen. Erstaunlicherweise wurde Max Straubinger CSU-intern mit 99 Prozent in seinen Posten gewählt.

Ohne Frage, es muss etwas passieren. Und zwar schnell. Unterkünfte müssen erkundet und menschenwürdig ausgestattet werden - und auch neu gebaut werden. Stattdessen wird mit Verachtung auf das Aggressionspotential von Flüchtlingen hingewiesen, wenn es verständlicherweise einmal zu einer Prügelei kommt. Menschen, die den Bombenkrieg knapp überlebt haben, das Mittelmeer, die Stacheldrähte, den Hunger, den Verlust aller Habe, und denen wir 3,5 Quadratmeter zum Leben zuweisen. Ja, da flippt man schon mal aus. Aber was denken Sie eigentlich über die Prügeleien unserer Landsleute im ALDI um den neuen Thermomix? Hoffentlich integrieren sich Flüchtlinge nicht in alles, was unsere Gesellschaft zu bieten hat.

Rufen Sie als Ministerpräsident des Freistaats Bayern die Sachlichkeit aus! Taten und Fakten statt Blabla. Selbst ich versuche mich gerade daran zu halten. Und ich kann Ihnen versichern, dass die Sachlichkeit für einen Kabarettisten eine staubige Angelegenheit ist. Nicht nur das. Der Verzicht auf Übertreibung und spitze Pointen ist ja regelrecht geschäftsschädigend.
Aber es geht um Menschen.
Wenn Sie und ich, Ihre Minister und Mitarbeiter, jetzt nicht mit Vernunft an die Sache rangehen, dann landen wir bei Hugo Balls Eröffnungs-Manifest der Kunstrichtung Dada aus dem Jahr 1916: „Wie wird man berühmt? Indem man Dada sagt. Mit edlem Gestus und mit feinem Anstand. Bis zum Irrsinn, bis zur Bewusstlosigkeit“.

Das Wort

Mein Handwerk ist im Augenblick ein leichtes. Die Pointen zur Flüchtlingsdebatte fallen einem nahezu stündlich in den Schoß. Alleine die Frage, wofür man im Kosovo dreimal so viele Bundeswehrsoldaten braucht wie in Afghanistan, wo doch der Kosovo ein sicheres Herkunftsland sei, Afghanistan aber nicht, gäbe gute Lacher für eine zünftige Zehn-Minuten-Satire. Easy ist das. Nein, easy ist etwas anderes. EASY heisst das System zur Erstverteilung der ASYlbegehrenden auf die Bundesländer. Auf der Internetseite des Bundesamtes für Migration und Flüchtlinge liest man weiter: „Die quotengerechte Verteilung erfolgt unter Anwendung des sogenannten *Königsteiner Schlüssels*. Hier trifft also IT auf Bürokratie, und – funktioniert nicht. Als der Münchner Oberbürgermeister Dieter Reiter den Münchner Hauptbahnhof in ein funktionierendes und vor allem menschenwürdiges Aufnahmezentrum verwandelte, waren viele Helfer vor Ort. Nur die von EASY eingeforderten Bundesländer waren nicht zur Stelle. Auch hier lauern viele böse Pointen für das politische Kabarett. Aber es ist genug. Flüchtlingsunterkünfte brennen in erschreckender Regelmäßigkeit, geflohene Schwangere verlieren wegen Unterversorgung ihre ungeborenen Kinder, deutsche Politiker jonglieren mit falschen Zahlen. Daran ist nichts mehr lustig. Aber je größer die Aufgabe wird, umso geifernder sind die Kommentare. „An den Grenzen stehen 60 Millionen Flüchtlinge. Wie sollen wir diesen Massen Herr werden?“ Wer hat das gesagt? Der Generalsekretär der CSU. Und es ist grundfalsch. Aus welchem Grund benutzt der CSU-Generalsekretär Andreas Scheuer diese maßlos übertriebenen, ja erfundenen Zahlen? Im *Handbuch Parteienforschung* von Oskar Niedermayer kann man über die Aufgaben der Generalsekretäre nachlesen: „In der Öffentlichkeit wie innerhalb der Partei vertreten und werben sie für die politischen Positionen des Parteivorsitzenden."

Herr Seehofer, Sie wissen doch ganz genau, dass derzeit weltweit ungefähr 60 Millionen Fliehende gezählt werden, die Hälfte davon muss trotz aller Gräuel im eigenen Land verharren, keine zwei Prozent davon kommen nach Europa. Und nach Bayern? Diese Zahl liegt im nullkommairgendwas Prozentbereich. Doch der sächsische Wirtschaftsminister Martin Dulig fordert: „Wenn man eine menschenwürdige Behandlung der Asylbewerber erreichen will, müssen wir die Flüchtlingswelle stoppen." Das heißt, Menschen in Aleppo sterben zu lassen, ist menschenwürdiger, als sie in Deutschland aufzunehmen? Der Mann ist bei der SPD, Sie sehen, ich stürze mich nicht nur auf die CSU.
Ich weiß, dass Sie sich dem, was ich Ihnen sage, nicht entziehen werden. Unsere wenigen Begegnungen waren immer geprägt von Respekt, Interesse und durchaus Humor, was nicht selbstverständlich ist, wenn sich CSU und Kabarett begegnen.

Sie werden womöglich erstaunt sein, dass ich diesen an Sie persönlich adressierten Brief einer größeren Öffentlichkeit bekannt mache. Das hat folgende Gründe: erstens Ihre Arbeitszeit. Vielleicht lesen Sie ihn gar nicht (obwohl Sie wollen), weil Frau Merkel am Handy anruft, danach gleich Viktor Orban, dann Frau Aigner, dann wieder Viktor Orban, und als Sie meinen Brief erneut in die Hände nehmen wollen, noch einmal Viktor Orban. Weil ihm vielleicht der Stacheldraht ausgegangen ist. Der zweite Grund ist aber frei von Spekulation und der stichhaltigere: Briefe sind nie privat. Briefe haben das gleiche Schicksal wie das Tagebuch der großen Schwester: Sie werden gelesen. Auch und gerade von Leuten, die es nichts angeht. Wir hätten die von Ihnen oft besungene christlich-abendländische Kultur nicht, wenn Apostel Paulus nicht Briefe geschrieben hätte – und sie tausendfach abgeschrieben worden wären. Briefkultur ist öffentliche Kultur, Briefgeheimnis hin oder her.

Womöglich haben Sie keine Zeit, die Paulusbriefe zu lesen. Das sollten Sie aber, denn diese Briefe sind die Grundlagen unseres bayerisch-christlich-katholischen Glaubens. Und Paulus schreibt: „Ihr Frauen, ordnet Euch Euren Männern unter, wie es sich bei Gott geziemt“. Die Empfänger waren die Kolosser. Ersetzt man die Kolosser durch den IS (Islamischen Staat), würde uns das nicht weiter auffallen. Oder auch diese Stelle: „Schon manche haben die Stimme ihres Gewissens missachtet und haben im Glauben Schiffbruch erlitten, darunter Hymenäus und Alexander, die ich dem Satan übergeben habe, damit sie durch diese Strafe lernen, Gott nicht mehr zu lästern.“ Auch das klingt heute eher nach Salafismus und scheint wenig auszustrahlen von christlicher Nächstenliebe, Kripperl und Trachtenhochzeit. Aber die Worte stammen von Paulus, also *Neues* und nicht *Altes* Testament, dem man ein bisserl Derbheit und Sex and Crime nachsehen würde.

Briefe. Tausendfach gibt es öffentlich gemachte Briefwechsel, darunter die Gebrüder Mann, Goethe und Schiller, die Gebrüder Grimm, Sartre und Simone de Beauvoir. (Die letzteren sind die interessantesten).
Die Kritik am Briefeschreiben ist so alt wie der Brief. Wenn sich der römische Anwalt Plinius (muss man nicht kennen) im ersten Jahrhundert bei seinem Spezl Maximus über die römischen Zustände beschwerte: „Lautes misstönendes Geschrei von allen Seiten", erinnert einen das durchaus an die aktuelle Situation. Viele Kritiker krakeelen bis heute: dieses Briefeschreiben diene ausschließlich dazu, den Ruhm des Verfassers zu vergrößern. Ich habe nichts gegen Ruhm (sonst wäre ich nicht Kabarettist geworden), aber ob ein persönlicher Brief an Sie meinen Ruhm vergrößert, darf bezweifelt werden. Außerdem täuscht man sich. Brief und Erfolg gehören nicht immer zusammen. Im Jahr 2012 wurden in den USA Briefe von Goebbels versteigert, mehrere tausend Seiten. Zugegebenermaßen Zeugs. Aber: Nazizeugs. Und damit profit-orientiert, denn Nazischeiß ist in. 300000 US-Dollar wollte der Auktionator für die Papiere haben, geboten wurden nur 100000 Euro. Der Anbieter zog zurück.

Herr Seehofer, ich bin ein waschechter Münchner, aus Berg am Laim nicht wegzukriegen, und halte mich mit diesem Schreiben an alte bayerische Traditionen. Erfolgreiche Briefe, die nie privat, sondern eigentlich *nur* für die Öffentlichkeit bestimmt waren, hat es in Bayern schon immer gewesen. Das berühmteste

Beispiel sind Ludwig Thomas *Filserbriefe* an seinen „liben Schbäzi", die uns einen Einblick geben in die Arbeit des Bayerischen Landtags: *„beträf den zweiden Regirungsakd, so war es der Mäupok, den mir brobieren haben miesen und mir hawen iem inserne barlamendarische Genämigung erdeild, indem er siffig und sieß isd. Die Pokwierschdeln waren deligad und der Sämbf war auch sehr erquiggend und die Schdimmung war under ins Barlamendarier ser gehoben. Das Minisderium war fohlzelig versambeld und isd keine Enschuldigung wengen Infulenza eingelauffen, wi es sonzt der Fahl isd, und sogar die geschtierzden Minisder sind dagewesen und hawen sich an dem Freibier bedeiligd."*

Übrigens, ich schreibe ja nicht einen Brief an Sie, weil ich die Möglichkeiten des Internets verachte. Aber würde ich Ihnen diesen Brief twittern, müssten Sie fast 3000 twitter-Nachrichten von mir lesen. Der weitaus gewichtigere Grund, einen aus vollem Herzen kommenden Appell in Briefform an Sie zu richten, ist meine Leidenschaft für den Orient, für den Nahen Osten. Seit Mitte der Achtziger Jahre sind mir Syrien, Libanon, Jordanien, auch die Türkei ans Herz gewachsen. Ich kenne Aleppo, Damaskus, Palmyra, Beirut so gut wie München, denn ich war nahezu jedes Jahr dort. Meine Beziehung zu der Region war der Grund, zu helfen, als ich im Sommer 2011 las, dass syrische Flüchtlinge, die im Norden des Libanon gestrandet waren, kaum Hilfe erreicht.

Lange vor dem aktuellen Gemetzel, im Sommer 2001, habe ich einen Bekannten in Damaskus besucht. Sein Name lautet in der Kurzfassung Zaher bin Ahmed bin

Muhammad bin Youssuf bin Obeid bin Suleiman bin Abdur-Rahman al Obeid al Khazraji al Ansari. In seinem Lebenslauf bezeichnet er sich als „petroleum expert, thinker, historian and poet". Er hat siebenundzwanzig Bücher geschrieben und dreiundfünfzig Musikstücke komponiert, darunter den „Münchner Oktoberfest Marsch". Man muss wissen, dass sich Zaher und seine Familie durch den Familiennamen „Obeid" nicht nur auf den Propheten Muhammad zurückführen, was sie sowieso schon höchst angesehen erscheinen lässt, sondern bis in die Anfänge der menschlichen Kultur. Die prähistorische Phase in Mesopotamien von 6500 bis ca. 3500 vor Christus wird auch die Obeid-Zeit genannt. Relikte dieser Epoche fand man bei Ausgrabungen in der syrischen Wüste. Das ist einhundert Jahre her, der Archäologe war der Brite Sir Leonard Woolley, dessen Kollege Lawrence von Arabien. Der junge Assistent von Woolley, Mister Max Mallowan, war der spätere Ehemann von Agatha Christie…usw. Herr Seehofer, Sie sehen schon, tausendundeine Geschichte, das ist der liebenswerte Teil des Orients.

Ich saß also im Sommer 2001 im Damaszener Wohnzimmer von Zaher Obeids Familie, genau ein Jahr, nachdem Baschar el Assad in Syrien zum Präsidenten gekürt worden war. Baschar hätte eigentlich gar nicht Präsident werden sollen, sondern sein älterer Bruder. Aber der Draufgänger kam in der letzten Linkskurve zum Flughafen Damaskus ums Leben. Er war für syrische Straßenverhältnisse viel zu schnell unterwegs. Also musste der Bruder ran. Aber der Augenarzt aus

London, der übrigens gar keinen Doktortitel hat (nicht einmal zu einem gefälschten hat es gereicht), war erst 34 Jahre alt, als ihn das Parlament zum neuen Präsidenten wählen sollte. Doch Präsident konnte man laut syrischer Verfassung erst werden, wenn man mindestens vierzig Jahre alt war. Man wusste sich in Syrien schnell und undemokratisch zu helfen und änderte die Verfassung: Das Mindestalter wurde auf 34 Jahre gesenkt (für die Nahost-Verschwörungstheoretiker: Baschar el Assad ist an einem 11.September geboren).

Als er ein halbes Jahr Präsident in Syrien war, heiratete er die Investmentbankerin Asma Akhsar, deren Familie aus Homs stammt, dem Herzen der Revolution. Ihr Ehemann Baschar ist groß, schlank, und er lispelt. Über diese kleine körperliche Schwäche darf man sich nicht lustig machen, doch man versteht manche Karikatur über den Diktator besser, wenn man ihm genau zuhört: „Wir müffen die Terroriften befiegen. Wenn ef fein muff, erfieffen."

Zaher Obeid hat sein Land verlassen. Er ist in die Schweiz emigriert und zum Zeitpunkt unseres Treffens 64 Jahre alt. Und er erzählt mir, wie er anlässlich des Todes seiner Mutter, der fast mit dem von Hafiz el Assad zusammengefallen ist, wieder nach Syrien zurückkehrte. Und wie er zu Tode erschrak über sein Land. Die Angst der Leute vor den Geheimdiensten, mindestens zehn zählt er mir auf und winkt dann ab, und wie er mit alten Freunden gesprochen hat, die vom Mittelstand in die Armut gefallen sind, und wie er sein Land erlebt hat, das nach außen mit freier Meinungsäußerung und dem

Zulassen einer Opposition prahlt, doch nach innen hin zerfällt in Not und Perspektivlosigkeit, gepeinigt von Folter und Unterdrückung. Ich habe ihm das geglaubt. Warum? Weil ich genau dasselbe erlebt, gehört, und gesehen habe. Achtjährige Kinder, die abends auf den Gehwegen der reichen Damaszener Viertel obskure Dämpfe aus Plastiktüten in sich hineingeschnüffelt haben. Die ganzen fünfzehn Jahre davor hatte ich sowas nicht erlebt. Der Zusammenbruch des alten West-Ost-Konflikts, die Hinwendung Syriens zum Westen, der Tod des alten Hafiz el Assad, all das hat Syrien in eine Krise gestürzt, die es nie zugegeben hat. Wir haben diese Entwicklung weder beachtet noch jemals nachgefragt. Ohne ein Fitzelchen an Menschenrechten, Humanität oder Demokratie zu fordern, hat man Syrien erst einmal alle DDR-Altschulden erlassen, eine Milliardensumme. Herr Seehofer, das war nicht die CSU, ich weiß, das war Gerhard Schröder.
Wir haben dabei zugesehen, wie Syrien durch die Öffnung nach Westen nicht reicher, sondern ärmer wurde. Nicht alle in Syrien. Viele wurden superreich. Aber das war die Schere: oben eine hauchdünne Luxushaut und darunter die Masse der chancenlosen Unterschicht. Und die war es, die 2011 aufbegehrt hat. Mit dem Ruf: „Hurrije“, das heißt Freiheit.
Zaher Obeid hat diese Entwicklung bereits zehn Jahre zuvor kommen sehen. Er hat keinen Brief an Baschar al Assad geschrieben, sondern ein Gedicht. Die Obeids waren Historiker und Dichter. Und sie waren dafür bekannt, über hunderte von Jahren. Es schadet nicht zu wissen, wie hoch die Kunst des Dichtens in der ara-

bisch-muslimischen Welt geschätzt wird. Nicht zufällig hat Goethe seinen *West-östlichen Diwan* verfasst, der heute zum UNESCO- Weltdokumentenerbe gehört, und in dem steht:

„Wer sich selbst und andere kennt,
Wird auch hier erkennen:
Orient und Okzident
Sind nicht mehr zu trennen.“

Zwischenfrage: Wissen Leute aus Ihrer Partei, deren Namen hier überflüssig sind, aber die sich gerne auf Deutsche Leitkultur und damit auf Goethe berufen, was Goethe geschrieben, gedacht, gefordert hat? Darauf kann es nur eine einzige Antwort geben: nein.
War doch schon in der Schule die „Ringparabel“ (zur Erinnerung: Alle Religionen sind gleich) aus dem letzten Werk Lessings eine lästiges Stück Deutschunterricht. Schade. Denn Nathan der Weise lehrt den Grundstock menschlichen Zusammenlebens: Toleranz. Das Theaterstück spielt übrigens während eines Waffenstillstands im Dritten Kreuzzug, der das Ziel hatte Jerusalem zu erobern. Dieses Ziel wurde nicht erreicht. Zynische Aktualität: Im Bekennerschreiben zu den Anschlägen am 13. November bezeichneten IS-Terroristen Paris als Hauptstadt der „crusader“.

Zaher Obeid ging an einem Freitagmittag die Abou Roumane hinauf, geradewegs zu der Moschee, in der Baschar al Assad regelmäßig sein Freitagsgebet verrichtete. Zaher ging nicht zur Freitagspredigt und wäre aus

Sicherheitsgründen auch gar nicht eingelassen worden. Er wartete, bis sein lispelnder Präsident herauskam und in die Menge winkte, abgeschirmt durch drei Sicherheitskorridore. Dort zieht Zaher einen Zettel aus dem Sakko, auf dem er sein Gedicht niedergeschrieben hatte. Eine Anklage. Er liest, so laut er kann, und versucht sich an den Sicherheitskräften vorbeidrängen, hin zum Präsidenten. Baschar el Assad bleibt tatsächlich stehen und hört hin. Man muß wissen, das Rezitieren von Gedichten ist in Arabien kein verstaubter Bildungsbürgerschmäh, sondern diente bereits vor 1500 Jahren dazu, den Feind in die Knie zu zwingen. Bevor eine Schlacht begann, traten nicht die geilsten Ritter gegeneinander an, sondern die besten Dichter beider Seiten und warfen sich im gereimten Zweikampf ihre kunstvoll gedrechselten Schmähreime an den Kopf. Erst danach startete das Gemetzel.

Assad lässt Zaher nah an sich ran und sagt etwas wie: "Ich kenne Sie." Und Zaher sagt: „Ich bin Zaher bin Ahmed bin Muhammad bin Youssuf bin Obeid bin Suleiman bin Abdur-Rahman al Obeid al Khazraji al Ansari." Und was passiert? Assad braust gepanzert davon, aber die Geheimpolizisten richten Zaher nach einem zähen Verhör aus, er solle zum Vortrag seines Gedichtes in den Präsidentenpalast kommen. Am Tag danach liest Zaher Obeid dem syrischen Präsidenten in wundervoll altarabischer Gedichtform einer *Qaside* vor, wie sehr das Volk unter ihm leide.

Zaher handelt sich unwahrscheinlich viel Lob für seine Familie und deren tausendjährige Geschichte ein, die sogar dem Präsidenten bekannt ist, und er darf unbeschadet wieder in die Schweiz ausreisen. An den Zuständen in Syrien ändert sich nichts. Nun, das stimmt nicht ganz, die Zustände verschlimmern sich. Und Rami Makhlouf, der Cousin und Finanzier der Assad-Clique, steigt zum reichsten Mann Syriens auf. Sein Spitzname lautet „Mr.-Five-Percent", da er sich an *jedem* Geschäft, das in Syrien getätigt wird, beteiligen lässt. Über den Krieg in Syrien sagt er: „Wir nennen es einen Kampf bis zum Ende. Sie sollten wissen, wenn wir leiden, werden wir nicht alleine leiden." Heute lebt er in Dubai.

Im Frühjahr 2011 gehen in Syrien Hunderttausende auf die Straße, angestachelt von CIA und Mossad, und bewaffnet vom Westen - so wird es im syrischen Fernsehen gezeigt. Von den erschossenen friedlichen Demonstranten redet kein Mensch. Heute, im Herbst 2015, und 250000 Tote später, sind es Tausende von Fassbomben, die die Zivilisten zerschmettern, verbrennen und verkrüppeln. Baschar al Assad aber lügt in die Mikrofone von BBC, das sei Quatsch, denn solche Waffen besitze Syrien gar nicht.

Herr Seehofer, ich war nie Aktivist und werde keiner mehr werden. Aber das Leid von elf Millionen syrischen Flüchtlingen, die dem Tod entrinnen wollen, lässt mich nicht kalt. Falls Sie diesen Brief nicht lesen, lesen können oder lesen wollen, ich werde ihn Ihnen vorlesen, vor dem Landtag, vor Ihrer Parteizentrale, im Internet, auf Facebook, wo auch immer. Ich habe nichts gelernt in meinem Leben – nur das *Wort*. Und das benütze ich nun. Damit Sie mir zuhören, und im besten Fall sogar auf mich hören.

Das Geld

2,69 €. In Worten:
Zwei Euro Neunundsechzig.

Insgesamt haben die Flüchtlinge im Jahr 2014 jeden einzelnen Bewohner Bayerns 2,69 € pro Monat gekostet. Ein Big Mac kostete 3,50 € - ohne Menü.
Wegen 2,69 im Monat soll uns nun der Untergang drohen? Die Gelder, die durch die Flüchtlingssituation eingenommen werden, sind da noch gar nicht gegengerechnet. Natürlich werden die Ausgaben im Jahr 2015 ansteigen, aber darf man wirklich von einem „Kollaps mit Ansage“ (Ihre Worte, Herr Seehofer) sprechen? Ein Kollaps ist ein Zusammenbruch, der totale Untergang. Ich erschrecke, wenn ich mir vorstelle, dass ich in einem Land lebe, das bei Mehrkosten von 2,69 € pro Kopf und Nase zusammenbricht. Wo noch „Die Welt“ im Juni 2015 titelte: „Reiches, sattes Bayern. Noch nie war das Bundesland wohlhabender als heute.“
Ich hoffe also auf Ihre Spitzbübigkeit bei Ihrer „Kollaps“-Aussage. Denn ein Kollaps kann auch etwas völlig harmloses bedeuten. Medizinisch gesehen ist der Kollaps nämlich nur eine Ohnmacht, weder lebensbedrohlich noch länger anhaltend, und laut Arztdefinition verursacht durch einen „vorübergehenden Sauerstoffmangel im Gehirn, eine Bewußtseinsstörung“. Mit einer bayerischen Bewußtseinsstörung kann ich als Kabarettist natürlich sehr viel mehr anfangen als mit dem Untergang meiner Heimat. War es das, was Sie gemeint haben? Ich befürchte, nein.

Im Jahr 2014 kam auf jeden 1000sten Bundesbürger ein einziger Flüchtling. Das schien machbar auf den ersten Blick, auch für Bayern zu bewältigen.

Für 2015 gibt es noch gar keine Zahlen. Doch der bayerische Finanzminister Markus Söder berechnet bereits im Juni 2015 die Kosten und behauptet, dass bis Ende 2016 für die Unterbringung und Versorgung der Flüchtlinge in Bayern mindestens drei Milliarden Euro gebraucht würden. „Schätzungen" des Finanzministeriums zufolge. „Das ist mehr als der gesamte Etat von Wirtschaft, Gesundheit und Umwelt zusammen", orakelt Söder.

Über diese Zahlen muß man erschrecken. 3000000000. Neun Nullen, wow. Mehr als das, was drei Ministerien zusammen kosten! Und wir wissen alle, Ministerien sind nicht billig. Aber wenn man der Sache auf den Grund geht, sieht die Sache anders aus. Es besteht kein Grund zur Panik. Es besteht nicht einmal ein Grund, die Ausgaben für die Flüchtlinge extra erwähnen zu müssen. Markus Söder hat für seine Berechnungen einfach die Ministerien mit dem geringsten Etat zusammen zählen lassen. Ein müder Trick. Die Wahrheit ist, dass es über 500 Gesundheitsministerien braucht, bis der Etat zum Beispiel des bayerischen Innenministeriums erreicht ist. Markus Söder hätte genausogut auch andere Zahlen aus dem Haushaltsbericht vorlegen können: 520 Millionen geben wir für „das neue Energiezeitalter" aus, 400 Millionen für das „schnelle Internet". Oder dass in der Staatskanzlei 88000 € im Jahr für Bücher und Zeitschriften ausgegeben werden und 18000 € „für die Restaurierung historischer Möbel". Im Jahr zuvor übrigens auch. (Wieviele historische Möbel haben Sie eigentlich?). Und

376000 € haben alleine die Preise gekostet, die die Regierung verleiht, der Maximiliansorden, die Rettungsmedaille, der Verdienstorden, und die Europamedaille. Die wurde auch mir verliehen und ich habe Sie gerne angenommen.

Herr Seehofer, halten Sie es nicht für bedenklich, wenn der Finanzminister eines Staates sich willkürlich Zahlen herausfischt, in der erkennbaren Absicht die Bürger zu schrecken? Mit dem Thema Geld funktioniert das nämlich wunderbar. Da hört die Freundschaft mit dem Flüchtling schnell auf.

Markus Söder will Ihr Nachfolger werden als Ministerpräsident des Freistaats Bayern. Ein Mann, der uns mit „geschätzten" Zahlen Angst machen will. Hand aufs Herz, halten Sie Markus Söder für einen loyalen, seriösen, bürgerfreundlichen Ministerpräsidenten? Sie müssen nicht antworten.

Aber hätten Sie nicht auch die Pflicht, Ihren Minister zur Rede zu stellen, wenn er in einer derart sensiblen Situation mit falschen Karten spielt? Ich und viele andere hätten es uns im Sinne einer vertrauenswürdigen Politik gewünscht.

Zum Glück wird die finanzielle Situation auch sachlich und seriös dargestellt. Leider an einer Stelle, die niemanden interessiert. Im „Gesetzentwurf zum Gesetz zur Änderung des Haushaltsgesetzes 2015/2016". Das heißt, salopp gesagt, in Ihrem Haushaltsbuch. Da steht: *„Die zusätzlichen Ausgaben von 922 Mio. € für die Aufnahme und Unterbringung von Asylbewerbern (vgl. Gesamtübersicht in den Vorbemerkungen zu Kapitel*

10 53) werden aus zusätzlichen Steuereinnahmen (vgl. Kapitel 13 01) von 114 Mio. €, Haushaltsverbesserungen bei den Personalausgaben (vgl. Kap. 13 03 Tit. 461 01) von 281 Mio. € und im Übrigen aus Rücklagenentnahmen (vgl. Kap. 13 06 Tit. 351 01) finanziert." Das ist Bürokratendeutsch. Aber es heißt nichts anderes als: cool down. Die meisten Kosten zahlen wir aus Mehreinnahmen, den Rest aus Rücklagen.
Was vom Bund an Geldern kommt oder durch das Geschäft mit Flüchtlingen zurückfließt, ist noch gar nicht eingerechnet. Bayern, und damit machen Sie selbst ja Werbung, wird weiterhin 11 Milliarden investieren, und mit einer zusätzlichen Milliarde Schulden abzahlen. Und dann gibt es noch die Wirtschaftsweisen. Im November 2015, als man Flüchtlinge nur noch als „Lawine", „Flut", „Überschwemmung" oder als „Wos-do-ois-daherkimmt"-Masse bezeichnet, veröffentlichen die Sachverständigen ihr Gutachten und schreiben: „Angesichts der guten Lage der öffentlichen Haushalte sind diese Kosten tragbar". So daneben kann die Analyse nicht liegen, wenn man bedenkt, dass die Deutschen nur durch das Shoppen mit dem Handy 15 Milliarden Euro im Jahr ausgeben.

Doch zum Thema Flüchtlinge und Geld gibt es große Pressekonferenzen: „Bayern beschließt Sonderprogramm zur Bewältigung der Flüchtlingskrise". 489 Millionen Euro haben Sie in aller Eile lockergemacht.
Bayerisches Geld, um „eine Überlastung von Staat und Solidargemeinschaft zu verhindern", erklären Sie uns. Warum aber so ein Brimborium? Normalerweise be-

wegt man sich in Bayern für solche Summen gar nicht aus dem Haus. Warum? Weil man es aus der Portokasse zahlen kann. Da sind zum Beispiel die Steuersünder. Die haben inzwischen so viel Angst, erwischt zu werden, dass sie sich selbst anzeigen. Und schwups wanderten in die bayerische Finanzkassse 300 Millionen Euro, alleine für das Jahr 2014. Geld, mit dem keiner gerechnet hat. Jetzt ist es da. Juhu. Vielleicht hatten Sie diese Summe aber schon verplant. Kam doch Ende September heraus, dass die dritte Startbahn um genau diese 300 Millionen Euro teurer wird. Also statt 1,2 oder 1,3 Milliarden nun voraussichtlich 1,59 Milliarden Euro. Es kostet mehr, weil man neu gerechnet hat, „auf Basis indizierter Kostenansätze und unter Berücksichtigung von zusätzlichen Nominalisierungseffekten." Solche Sätze versteht kein Mensch. Sie dienen der Vernebelung. Bei Flüchtlingen versucht man hingegen, sich klar und verständlich auszudrücken. Da heißt es dann lapidar: „Wir müssen alles tun, die Kosten der Unterbringung zu reduzieren." (Markus Söder im *Focus*).

Eine gute alte bayerische Tradition im städtischen Straßenbild ist die Trambahn. In Weiß Ferdls *Linie 8* fuhr sie noch „ratternd" durch die Stadt, heute fährt sie wellnessmäßig im „Flüstergleis". Aber leider hilft ihr das nichts, in Augsburg soll die Straßenbahn am Hauptbahnhof in den Untergrund verlegt werden. Eine zweistöckige Unterführung ist geplant. Leider haben sich Termin und Kosten nun verändert. Fertigstellung mindestens drei Jahre später und die Ausgaben sind um fast 450 Prozent gestiegen, insgesamt: 300 Millionen Euro.

Herr Seehofer, wo bleibt Ihre Entrüstung, wenn die staatlichen „Zuschüsse für Erwachsenenbildung" eher in Wellness als in Bildung fließen, was man schon an den verlockenden Überschriften sieht: „Paradiese im Atlantik", „schöne Wanderziele".
Doch in allen Fällen der sinnlosen Geldvernichtung verlangt niemand aus Ihren Reihen eine Grundgesetzänderung oder droht gar mit einer Verfassungsklage.
Es geht eben nicht um Flüchtlinge.

In dem von Ihnen vorgestellten „Maßnahmenpaket zur Zuwanderungsbegrenzung" wird angekündigt, dass in den nächsten fünf Jahren 28000 neue Wohnungen entstehen sollen, für Flüchtlinge *und* Einheimische. Das klingt im ersten Moment für den Fernsehzuschauer ganz nett. Doch jeder, der sich auch nur halbwegs mit dem Thema Wohnungsnot beschäftigt, muß sich die Haare raufen. 28000 Wohnungen in vier Jahren, das bedeutet 7000 neue Wohnungen pro Jahr.
Herr Ministerpräsident, ist Ihnen denn die katastrophale Wohnungssituation in Ihrem Land nicht bekannt? Dr. Uwe Brandl, übrigens ein Parteikollege von Ihnen, zugleich Präsident des bayerischen Gemeindetags, forderte bereits *vor* der Flüchtlingskrise: „Wir brauchen in Bayern so schnell wie möglich 50000 neue Sozialwohnungen." Hinzu kommt nun ein Bedarf von ca. 16000 Wohnungen für die schnelle Integration von Flüchtlingen. Das sind 66000 Wohnungen, möglichst sofort. Doch Sie schaffen mit Ihrem „Maßnahmenpaket" nicht einmal die Hälfte, und das innerhalb von vier Jahren. In Deutschland nimmt die Armut seit Jahren rasant zu,

und der Grund ist nicht zuletzt die Preislage am Wohnungsmarkt. Doch in den letzten zehn Jahren ist die Zahl der Sozialwohnungen um die Hälfte gesunken, im Klartext heißt das eine Million weniger Sozialwohnungen. Und die Zahl der Bedürftigen steigt und steigt und steigt. Sind die Flüchtlinge schuld daran? Nein, das Drama läuft schon seit vielen Jahren. Und wie reagiert der Staat? Man schaut dabei zu.

Herr Seehofer, Ihre Partei hat sich bisher kein Ruhmesblatt erworben in der Bereitstellung bezahlbaren Wohnraums – speziell für die einheimische Bevölkerung. Als ein Beispiel dafür, wie man sich dagegen sträubt, darf ich hier den CSU-Bundestagsabgeordneten Karl Holmeier aus einer Bundestagsrede zitieren: „Ihre Forderung an den Bund nach einer bedarfsgrechten Bereitstellung von günstigem Wohnraum ist also grundgesetzwidrig.“

Zur Zeit wird oft verlangt, dass die Neuankömmlinge in Deutschland die Gesetzestexte lesen und beherrschen sollen. Gilt dies nicht für Ihre Parteimitglieder? Karl Holmeier hat als Bürgermeister folgenden Amtseid geschwören: *„Ich schwöre Treue dem Grundgesetz für die Bundesrepublik Deutschland und der Verfassung des Freistaates Bayern. Ich schwöre, den Gesetzen gehorsam zu sein.“* Nun wehrt sich Herr Holmeier im Bundestag vehement dagegen, dass der Staat die Aufgabe des sozialen Wohnungsbaus übernimmt. Kennt Karl Holmeier die Bayerische Verfassung, auf die er geschworen hat?

Bayerische Verfassung, Artikel 106:

„Jeder Bewohner Bayerns hat Anspruch auf eine angemessene Wohnung."

Geehrter Landsvater, bitte weisen Sie Ihre Parteikollegen an, in diesen Zeiten, in denen aus einer Mischung von Frust, Hass und Dummheit Morde an Ausländern geplant und begangen werden, stillzuhalten, wenn Sie keine Ahnung haben, und sich erst dann zu melden, wenn sie zum sozialen Frieden in diesem Land beitragen. Im Punkt „Wohnen" Ihres Sonderprogramms heißt es: „Wohnen ist soziales Grundrecht und entscheidend für den sozialen Frieden. Wichtig ist, dass wir bei unseren Maßnahmen eine Konkurrenzsituation der Schutzsuchenden mit der einheimischen Bevölkerung vermeiden." Aber genau das Gegenteil tun Sie. Sie bauen 7000 Wohnungen im Jahr, im genauen Wissen, dass wir mindestens 50000 brauchen.
Und das in einer Zeit, Herr Seehofer, in der so viel Geld auf dem Staatskonto ist wie nie zuvor!

Herr Seehofer, wenn Sie nicht bauen wollen, dann kümmern Sie sich bitte intensiver um den Leerstand. Im Schnitt stehen 1,7 Millionen Wohnungen in Deutschland leer. Im Osten mehr als im Westen. Wie kann es angesichts des kommenden Winters sein, dass bayerische Landratsämter willige Bürger abweisen, die ihre Wohnflächen den Flüchtlingen zur Verfügung stellen wollen? Ist das nicht ein Widerspruch: den Bürgern Angst vor Enteignung zu machen und die anderen, die Wohnraum

anbieten, abzuweisen? Der Enteignungs-Coup ist der Politik ja gut gelungen. Anstatt zu sagen, dass Enteignungen im Gespräch sind, hat man verkündet: es wird keine Enteignungen geben. Das hat Bundesliga-Niveau. In dem Augenblick, in dem das Präsidium verkündet, dass es keine Entlassung des Trainers geben wird, weiß jeder: Übermorgen ist er weg.
Ein kleiner Hinweis an die verschreckten Eigentümer würde übrigens nicht schaden, nämlich darauf, dass es sich bei den sogenannten Enteignungen nicht um den Verlust des Eigentums handelt, sondern dass der Staat dabei tief in die Tasche greift. Und dass es sich um Gewerbeimmobilien handelt, und nicht um das leere Dachgeschoss oder das verwaiste einstige Kinderzimmer.

Herr Seehofer, schildern Sie doch Ihren potentiellen Wählern einmal, wie sich Kriegsgewinnler in Bayern flächendeckend auf Kosten der Flüchtlinge und des Staates bereichern. Der Zeitdruck der Städte und Gemeinden wächst und wächst und sie haben kaum Zeit, vernünftige Verhandlungen mit den Immobilienbesitzern zu führen.
Da gibt es massenhaft Hotels und Pensionen, die von mehreren Generationen erfolgreich geführt wurden. Leider hat sich die Geschäftstüchtigkeit nicht auf den letzten Sproß der Familie vererbt und das einstige Prachtstück des Dorfes ist nun zur Bruchbude verkommen. Wie oft dienten mir diese Häuser als Kabarettistenunterkunft während einer Tournee, im Vertrag als „Hotel am Ort“ angepriesen. Und ein vergilbtes Bild über dem Stammtisch, das den früheren Wirt mit Alfons Goppel zeigt, erzählt von einer ehrenhaften Vergangenheit. Jetzt

ist die totale Pleite aber abgewendet, den Flüchtlingen sei Dank. Nicht selten gehen nun 20000 € und mehr monatlich über den Tisch, da der Staat diese vier Wände dringend braucht, Bruchbude hin oder her.
Vor den Kriegsgewinnlern, Herr Seehofer, müssen Sie unsere Gesellschaft schützen, nicht vor ein paar Tausend Flüchtlingen.

Von Woche zu Woche toure ich mit meinem aktuellen Kabarettprogramm durch Bayern, große Orte, kleine Orte, bis hin zum Einödhof. In meiner Pause und am Ende des Programms stehe ich inmitten meines Publikums. Inzwischen dauern die Gespräche danach bis zu einer Stunde. Worum es geht? Um Flüchtlinge.
Und ich frage immer: Kippt die Stimmung?
Ich kann Ihnen, Herr Seehofer, Erfreuliches mitteilen: sie kippt nirgends. Allerdings sinkt das Ansehen Ihrer Staatsregierung.

Dort draußen haben sich Helferkreise gebildet, werden Matratzen geschleppt, Fahrräder besorgt und Deutschkurse angeboten. Tausendfach, von Ehrenamtlichen. In Nürnberg-Land zum Beispiel gibt es durchaus staatliche Angebote für Deutschkurse. Soweit ich mich erinnere werden derzeit 40 Stück angeboten, mehrmals pro Woche. In den ersten beiden Wochen, so wurde mir erzählt, kam: *niemand*. Wasser auf die Mühlen der Ausländerfeinde. Die Realität sah anders aus. Eine Umfrage in den Aufnahmeeinrichtungen hat ergeben: Die Flüchtlinge sind keine faulen moslemischen Säcke, sie haben von diesen Kursen schlichtweg nichts gewusst. Angeblich hat die Arbeitsagentur vergessen, Bescheid zu geben. Andernorts müssen Flüchtlinge pro Kurseinheit 1,20 € zahlen. Bei 600 Unterrichtsstunden macht das 720 €, diese Summe können viele Flüchtlinge nicht aufbringen. In einem anderen Landkreis wurden in diesem Herbst, auf der Höhe der Diskussion um Integration, die Kurse einfach gestrichen. Flüchtlinge lernen dort trotzdem Deutsch. Weil sie es wollen. Die Lehrer sind Freiwillige, darunter viele pensionierte Studienräte. Sogenannte Paten kümmern sich um die in Containern lebenden Gestrandeten. Eine der Helferinnen erzählte mir, sie kümmere sich um die Post von drei Familien. Allerdings versteht sie das Behördenkauderwelsch oft selber nicht. Wie soll sie es dann noch auf Arabisch übersetzen? Als einem kleinen Syrermädchen die bereits lädierte Brille endgültig kaputtging (Geld für eine neue war nicht da), musste ein Antrag geschrieben werden. Das geht dann so: Antrag Landratsamt, Gang zum Hausarzt, erneutes Schreiben an das Landratsamt wegen Genehmigung der Überweisung zum Augenarzt, Gang zum Augenarzt, erneutes Schreiben an das Landratsamt, Genehmigung für den Gang zum Optiker, Brille kostet 70 Euro, neues Schreiben an das Landratsamt, Antwort: zu teuer, es werden nur 30 Euro genehmigt. Das Prozedere dauert beim Schreiben dieses Briefes an, das Mädchen kann seit drei Monaten nicht mehr lesen und schreiben, der Pate zahlt nun selber den Fehlbetrag.

Ich stand vor wenigen Wochen im Maximilianeum gemeinsam mit der Landtagspräsidentin gemeinsam auf der Bühne. Der Bürgerpreis des Bayerischen Landtags wurde verliehen und ich war der Moderator. Eine ehrenvolle Sache. Acht verschiedene Organisationen wurden mit dem insgesamt über 30000 Euro dotierten Preis ausgezeichnet. Es gab fast 150 Bewerbungen. Das ist großartig! 150 Vereinigungen kümmern sich in Bayern um Flüchtlinge, ehrenamtlich. In Wahrheit sind es noch viel, viel mehr. Dazu die Paten und die vielen stillen Helfer. Ohne diese Ehrenamtlichen würde die ganze Flüchtlingshilfe zusammenbrechen. Warum schaffen die Kleinen etwas, was eigentlich die Aufgabe des Staates ist, der es aber nicht zuwege bringt? Warum sind Aufnahmeeinrichtungen an der österreichischen Grenze überfüllt, wenn viele eine Autostunde entfernt rund um München fast leerstehen?

Die CSU verkündet stolz „Bayern handelt". Das ist wünschenswert. Aber was bedeutet das? Ich habe mich im Internet auf die Suche begeben, unter www.facebook.com/csu. Und dachte mir, der Zeitraum Oktober bis November 2015 ist sicherlich aufschlussreich.
Tatsächlich. Da wird der einhunderttausendste CSU-Facebook-Fan gefeiert. Das darf sein, Herr Seehofer, so viele habe ich nicht.
In diesen beiden Monaten findet sich zum Thema Flüchtlinge einiges bei Ihrer Partei:

„Ungebremsten Zustrom stoppen"
„Grenzen wirksamer kontrollieren"
„Versammlungsrecht verschärft"
„Belastunsgrenze erreicht"
„Begrenzung des Flüchtlingsstroms"

„Familiennachzug begrenzen"
„Asylrecht verschärfen"
„Maßnahmen zur Notwehr"

Und so viele Einträge finden sich zu
„Unterkünfte für den Winter gesichert": *null*
„Regelmäßige Deutschkurse eingeführt": *null*
„Mehr Sicherheit für Flüchtlingsunterkünfte": *null*
„Fahrkostenprobleme gelöst": *null*
„Ehrenamtliche gelten wie
Freiwillige Feuerwehr": *null*
„Einhundertstes Neugeborenes begrüßt": *null*
„Seehofers Rede an die Flüchtlinge": *null*
„Besserer Frauenschutz bei Flüchtlingen": *null*
„Herkunft geklärt bei unbegleiteten
Minderjährigen": *null*
„Ehrenamtlichen-Kordinierungsstelle
eingerichtet": *null*

Auf der CSU-Seite gibt es am 9.November noch einen Eintrag:
„Heute gab es eine Farbbeutelattacke auf das Bundeswehrbüro in Berlin. Wir finden das total daneben".
Niemand ist gegen einen kritischen Eintrag wegen eines Farbbeutelanschlags auf das Bundeswehrbüro. Aber im gleichen Zeitraum gibt es 35 Brandanschläge und Übergriffe auf Flüchtlinge.
Einträge dazu auf der CSU-Seite:

NULL

Es hat doch niemand etwas dagegen, Menschen zu kontrollieren, die in unser Land kommen. Aber warum läuft die Registrierung nicht auf vernünftige Art und Weise? Seit Jahren werden immer wieder Ausländer beschuldigt, untergetaucht zu sein, und das bloß, weil die Behörden mit den Papieren nicht zurechtgekommen sind. In der arabischen Welt ist es beispielswiese völlig normal, dass ein Mensch mehrere Namen besitzt. Ein Mann namens Abd ar-Rahman, der aber auch Karim el-Dschusairi genannt wird, heißt Abou Joussef, wenn er seinen Sohn Joussef bekommen hat. Die Ehefrau behält ihren Mädchennamen oder heißt dann Umm Youssef oder Um Jussuf. Wie viele Fälle hatte ich schon am Tisch, bei denen die deutschen Behörden verlangt haben, dass ganz normal ehelich geborene Kinder adoptiert werden sollten, nur weil wir ein anderes Namenssystem haben.
Dazu kommt die Schreibung:
Ein Mann namens Walid, Ouaalid, Wahlid und Uoaled ist ein und derselbe Mann. Das ist völlig normal, wenn man die arabische Schrift mit unseren Buchstaben wiedergeben will. Aber nicht selten hört man auf den Ämtern: „Der benutzt unterschiedliche Namen! Betrug!“

Letztlich geht es um die Identifizierung einer Person. Und da frage ich mich, warum überarbeitete Sachbearbeiter komplizierte Formulare ausfüllen müssen. Das dauert ewig und ist fehlerhaft, besonders bei den Namen. Die absolut betrugssicherste Methode ist inzwischen die Biometrie.
Herr Ministerpräsident, stellen Sie doch ganz einfach Scanner an den Grenzen auf, und in fünf Minuten

haben Sie einhundert Menschen gespeichert. Ein riesiges logistisches Problem wäre damit vom Tisch.
Ein Tipp von mir: Amazon. Da kostet derzeit der Original SEBURY F007-2 Fingerprint Scanner, Version 2 nur 84,95 Euro.
Beeilen Sie sich, es sind nur noch 18 Stück auf Lager. Aber wenn es pressiert, kann das Päckchen sicher per Drohne nach Freilassing geliefert werden.

Sie waren Bundesminister, sind Parteivorsitzender, Ministerpräsident, Sie haben beruflich und privat Krankheiten und Tiefschläge weggesteckt, und sind nun 66 Jahre alt. Warum geben Sie sich keinen Ruck? Es genügt eine kleine Weihnachtsansprache, ein halbes Din-A4-Blatt, und Sie könnten diesem wunderbaren und reichen Land Bayern eine kleine Richtungsänderung geben. Dorthin, wo der Staat nicht *gegen* eine immer größer und immer ärmer werdende Bevölkerungsgruppe gerichtet ist, sondern wo er eine Zukunft hat als soziale Gemeinschaft, in der man zusammenhält. In der Weihnachtszeit werden wir wieder vom Bethlehemitischen Kindermord hören. Vom bösen und grausamen Herodes. Der blieb aber seinen Zeitgenossen in ganz anderer Erinnerung. In der Zeit der großen Hungersnot um 25 v.Chr. lässt er zur Rettung in großem Stile in Ägypten Getreide einkaufen. Und damit sich seine hungernden Bürger das Getreide auch kaufen können, erlässt er ihnen ein Drittel der Steuern.
Welcher Herodes wollen Sie sein?

In unserem Land gibt es auch Steuererleichterungen, das ist richtig, vor allem für Amazon, Apple und IKEA. Da gibt es viele Pointen, wohl wissend, dass ein Ministerpräsident keine Steuern erlassen kann. Dennoch ist es so, dass der deutschen Staatskasse pro Jahr mindestens fünf Milliarden Euro fehlen. Grund: die Schummeleien der Großkonzerne. Schummelei klingt sehr harmlos, aber wer statt Schummelei Steuerflucht sagt, hat sehr schnell eine Justizabteilung am Hals. IKEA lieben wir alle. Knapp 30 Milliarden Umsatz im Jahr, das meiste davon in Deutschland. Leider zahlt IKEA keine Steuern, also nur ein bisschen, rund ein Drittel dessen, was sie zahlen müssten. Europa versagt hier total. Denn möglich ist der legale Betrug nur durch die Länder Liechtenstein und Niederlande. Dort hat man als Konzern gerne seinen Hauptsitz und verlangt von den eigenen Firmen-Ablegern in anderen Ländern horrende Summen, beispielsweise für die Namensrechte. Wie absurd: der Münchner IKEA muss dopplete Millionenbeträge nach Liechtenstein zahlen, damit der Laden IKEA heißen darf. Und deswegen zahlt der Möbelladen hier in Deutschland weniger Steuern. Herr Seehofer, wo bleibt hier ihr Aufschrei?
Ihr „Wir haben die IKEA-Kapazitätsgrenze erreicht".

Stattdessen werden „Maßnahmenpakete" mit dem Hinweis beschlossen, wir könnten uns noch mehr Flüchtlinge nicht leisten. Jetzt könnte ja der einfache Geist denken, dass sich die CSU immer gut für den Bürger eingesetzt habe, nur jetzt ist man durch die starke Zuwanderung überfordert. Doch die Haare sträuben sich,

wenn man bedenkt, wie locker man mit den Stimmen der CSU die Grundsicherung für Behinderte gekürzt hat. Behinderte sind eben nicht IKEA und können sich nicht so gut wehren. Erst drei Jahre später hat das Bundessozialgericht die Entscheidung gekippt. Nun warten die Behinderten mit ihren Familien immer noch darauf, dass das Gerichtsurteil auch umgesetzt wird. Heizkostenzuschuß für Hartz4-Empfänger stand genauso auf der Kürzungsliste der CSU wie vieles andere. Und dabei sind in Bayern 1,7 Millionen Menschen von Armut betroffen – *vor* der Flüchtlingsdebatte.
Schlecht steht es in Bayern um die Hilfe für die Ärmsten und im wahrsten Sinne des Wortes Geschlagenen. Frauenhäuser? Mangelware. Die Wartezeit beträgt in Bayern durchschnittlich vier Monate. Für eine Frau, die nachts auf die Straße fliehen muss, kann das fast ein Todesurteil sein. Wer ist verantwortlich für diesen Zustand? Flüchtlinge?

Es ist hier eine kleine Erinnerung daran erlaubt, wie man mit Flüchtlingen umgegangen ist, als es noch nicht so viele waren. Im Jahr 2006 verzeichnet Europa die niedrigsten Zahlen seit Jahren. Nur ungefähr 200000 Asylanträge werden gestellt, in der gesamten EU. Deutschland hat so wenig Asylbewerber wie seit 30 Jahren nicht mehr, und davon werden noch viele wegen Dublin II an andere europäische Staaten weitergeleitet. Doch Flüchtlinge sind ein Riesenproblem – für Deutschland. *Pro Asyl* beschreibt einen Fall von damals: „Gazale Salame war sieben, als sie mit ihren Eltern dem libanesischen Bürgerkrieg entfloh. Als „staatenlose Kurdin", deren

Vorfahren aus der Türkei in den Libanon eingewandert waren, erhielt sie 1990 ein Aufenthaltsrecht in Deutschland, wuchs hier auf und heiratete den im Libanon aufgewachsenen Ahmed Siala. Im Jahr 2000 entzieht der Landkreis Hildesheim der inzwischen 19-Jährigen die Aufenthaltserlaubnis." Sie wird abgeschoben. Damals ein aufsehenerregender Fall.
Bayern beginnt im Jahr 2007 erneut, in den Irak abzuschieben. Das Land versinkt im Bürgerkrieg, Millionen sind auf der Flucht vor Terror und Gewalt. Alleine im Nachbarland Syrien kommen über 100000 Flüchtlinge an. In Bayern greift man hart durch, schiebt ab zurück in das Desaster. An erster Stelle kommt vieles, der humanitäre Gedanke nicht.

Schon damals gibt es in Bayern heftige Debatten über schlechte Unterbringung, vergammeltes Essen und Abschiebungen von Asylbewerbern – wegen ein paar tausend Menschen. Die Abschiebungen finden 2007 ständig statt, ohne Rücksicht auf Härtefälle wie Schwangere, Kranke oder in Deutschland schulpflichtige Kinder. Es scheint schon damals so, als hätte man es nicht im Griff.

Herr Seehofer, als Bundesminister mussten Sie sicher auch die Nationalhymne beherrschen. Nun haben wir hunderttausende von neuen Staatsgästen bei uns, von denen viele, oder zumindest deren Kinder deutsche Staatsbürger werden. Auch die, so die Rufe aus der Politik, sollen diese Hymne kennen und im besten Fall können. Aber wie deutsch ist denn die deutsche Hymne?
Herr Seehofer, ich bin mir nicht sicher, ob alle diese

Leitkultur-Prediger wissen, von was sie reden. Die Geschichte des Deutschlandliedes geht so: Erst der Reichspräsident Ebert hat das Lied zur deutschen Hymne erklärt, und das war ein SPDler.
Der Text der Hymne stammt von August Heinrich Hoffmann von Fallersleben, einem Deutschlehrer. Und die stehen normalerweise auf der Beliebtheitsskala weit hinten. Gedichtet hat er es auf Helgoland, damals britischer Boden und für vier lumpige Louisdor hat er seine Zeilen an seinen Verleger verkauft. Das war im Sommer 1841. Die Melodie stammt von Joseph Haydn. Aber mit Deutschland hatte das alles nichts zu tun. Die Melodie war die Hymne für den österreichischen Kaiser, der aber gar kein Österreicher war, sondern in Florenz geboren. Man sang damals: *Gott erhalte Franz, den Kaiser.* Aber auch die Melodie war wenig deutsch-österreichisch. Die ersten Takte stammen eins zu eins aus dem kroatischen Volkslied *V Jutro rano se ja stanem.* Wie lustig und absurd, den kroatischen Flüchtlingen ernsthaft erklären zu wollen, sie sollten doch bitte die Deutschlandhymne lernen. Und was hören sie? Eines ihrer Volkslieder. Es heißt übersetzt: *Frühmorgens bin ich aufgewacht.* Aber inhaltlich würde die kroatische Version sogar besser in unsere Zeit passen, denn es geht um die Liebe, und die Armut.

„Oh Marica, meine Seele, warum willst du ihn nicht?
Er hat Silber und Gold ohne Zahl."
„Was nützt mir Silber, Gold, wenn ich ihn nicht liebe!
Der himmlische Gott gebe mir einen Armen,
den ich liebe."

Aber um ein Haar wäre ein ganz anderes Lied die Deutschlandhymne geworden. Der alte Konrad Adenauer musste nach Chicago reisen, in das Industriezentrum der Besatzungsmacht. Das Problem: Es gab nach der Nazizeit noch keine offizielle deutsche Nationalhymne. Aber irgendein deutsches Lied musste dem ersten demokratischen Bundeskanzler ja gespielt werden. Man suchte. Die Entscheidung fiel auf ein Kölner Karnevalslied: *Heidewitzka, Herr Kapitän.*
Ach, welch ein Spaß, wenn die deutsche Fußballnationalmannschaft heute vor dem Spiel singen müsste:

„Mem Möllemer Böötche fahre mer su jän,
mer kann su schön em Dunkle schunkele
wenn üvver uns de Stääne funkele."

Aber August Heinrich Hoffmann von Fallersleben hat sich mit seiner britisch-österreichisch-florentinisch-kroatischen Fassung durchgesetzt. Wobei ein anderes Gedicht von ihm auch gut in unsere Welt passte:

„Das liebe Geld regiert die Welt.
So sagen alle Leute.
Wol wahr, denn alles ist für Geld
zu haben auch noch heute."

Natürlich begehen Flüchtlinge auch Regelübertretungen, verstossen gegen unsere Gesetze. Die Gründe dafür sind aber nicht die Hautfarbe, die Herkunft oder die Religion – soweit sollte man sich einig sein. Es sind immer die sozialen Umstände, die Menschen dazu bewegen, auszuscheren. *„Ich habe damals, zum Wohl der Bürger* *meines Landkreises, so viel gestohlen und geschoben, dass ich aus dem Gefängnis nicht mehr herausgekommen wäre, wenn es nach Recht und Gesetz gegangen wäre.“*

Wissen Sie, wer das geschrieben hat?

Einer Ihrer Vorgänger, Franz Josef Strauss. Und in seinen *Erinnerungen* schreibt er weiter: *„Wie sollte man die Leute unterbringen? Wie sollte man sie ernähren? Das waren die Fragen, die mich Tag und Nacht beschäftigten. Wir als CSU mit unserer dem christlichen Sittengesetz verpflichteten Politik sahen es als selbstverständlich an, die Vertriebenen und Flüchtlinge bei uns in Bayern aufzunehmen.“*

Herr Seehofer, es gibt Schätzungen darüber, was syrische Flüchtlinge für Ihre Flucht vor den Bomben nach Europa seit dem Jahr 2011 ausgegeben haben:

40 Milliarden US-Dollar.

Das sind die Schlepperkosten, die Tickets für die Züge, die Handys, die falschen Reisepässe, bis hin zu den goldenen Eheringen, die man in der Not dubiosen Dealern verkaufen musste. Manche behaupten, dass die Zahl von 40 Milliarden viel zu niedrig berechnet sei. Es sei mindestens das Doppelte. Lassen Sie uns bei den 40 Milliarden bleiben.

Was ist damit passiert?

Die gesamte Summe ging in die Hände von Kriminellen.

Und wir, Sie, ich, die Staaten und Organisationen haben dabei zugeschaut. Sind wir deppert? *Diese enorme*

Summe überlassen wir der Mafia, den Schleppern und Dealern? Daran sollte jeder denken, der Urlaub in einem 5-Sterne-Resort macht. Die viel zu lauten jungen Leute, die am Nebentisch sitzen, könnten diese Mafiosi sein, die Verantwortlichen dafür, was Sie in Bayern nun auszulöffeln haben. Warum ging man nicht hin und sagte zu den syrischen Flüchtlingen: „Vergesst das Mittelmeer. Wir nehmen euch für zehn Prozent des normalen Preises sicher und warm mit nach Deutschland." Dann hätten Sie, Herr Seehofer, nochmal vier Milliarden mehr auf dem Konto und keine Mittelmeerleichen im Keller. Und Sie hätten dankbare und zu 100 Prozent loyale Leute im Land.
Syrische Flüchtlinge, die nach Deutschland kommen, sind keine Sozialschmarotzer. Die passen gut zu uns. Das sind hundertprotzentige Kapitalisten. Die wollen nicht auf Sozialämtern Nummern ziehen, die wollen eine Wirtschaft aufmachen, einen Laden, eine Firma, Angestellte haben, die wollen schuften, nähen, flicken, backen, tragen, stemmen, verhandeln, reparieren, lenken und ankurbeln.
In den Nachrichten laufen im Moment direkt hintereinander die beiden Meldungen: dass man keine Lehrlinge mehr findet. Und dass Ihre Partei die Zuwanderung jetzt drastisch begrenzen will. Alleine im Herbst 2015 konnten in Bayern über 1.000 freie Lehrstellen nicht besetzt werden. Alle (Industrie, Handel, Firmen) wissen, dass wir Zuwanderer brauchen. Aber Sie wollen keine haben.
Was ist los, Landesvater?

Nun, auf einen Kabarettisten zu hören, das wäre töricht für einen bayerischen Ministerpräsidenten (Persönlich sehe ich das natürlich anders).
So hören Sie doch wenigstens auf einen der Deutschen, die in der Leitkulturliste ganz oben stehen, auf Johann Wolfgang Goethe. In der Schule als Pflichtlektüre *Faust* zu lesen, das war schlimm. Kam aber jemand mit *Faust II* an, ging man auf die Barrikaden. Dabei wird es irrsinnig interessant, wenn man weiß, dass die Vorlage für den Mephisto von Goethe eine ganz real existierende Person war, der Schotte John Law. Wegen unlauterer Geldgeschäfte beim Glücksspiel wurde er aus seinem Land geschmissen, dann hat er in Frankreich sein Glück versucht. Und es hat geklappt: Er gründete eine Notenbank und gilt als Erfinder des Papiergelds, das heißt: Geld drucken ohne Ende, auf Papier, das von sich heraus gar keinen Wert besitzt. Die Alchemisten, die eingesperrt waren, um Gold und Diamanten herzustellen, wurden damit in die Arbeitslosigkeit entlassen. Seit diesem Moment gab es erfundenes Geld zum „saufuadern", wie man in Bayern sagen würde.

Als in *Faust II* der Kaiser in den Thronsaal zieht, ist plötzlich der Hofnarr verschwunden. Der Junker:

„Gleich hinter Deiner Mantelschleppe,
stürzt er zusammen auf der Treppe,
man trug hinweg das Fettgewicht,
tot oder trunken?, weiß man nicht."

Der Hofnarr war der, der dem Mächtigen die Meinung geigen durfte – mein Berufsstand! Nun war er weg. Und wer übernimmt nun seine Stelle?
Der Teufel. Mephistopheles.

Der Kaiser sagt:
„Es fehlt an Geld, nun gut, so schaff es denn."

Und Mephisto verspricht:
„Ich schaffe, was Ihr wollt, und schaffe mehr."

Herr Seehofer, die Wissenschaft, die Erfahrung, die Geschichte zeigt: Flüchtlinge durch Grenzen aufzuhalten – ist keine Lösung. Flüchtlinge zentral und lange in Gemeinschaftsunterkünften zusammenzupferchen – ist keine Lösung. Flüchtlingen Sachspenden anstatt Geld zu geben – ist keine Lösung. Undsoweiter. Warum lassen Sie ständig Dinge zu, die nachweislich nicht funktionieren? Überall dort, wo es anders gemacht: Geldleistung, dezentrale Unterbringung und ein legaler Status für Flüchtlinge, funktioniert es besser, kurzfristig, mittelfristig und langfristig.

Wie einfältig ist der Hinweis aus konservativen Kreisen, dass es den Flüchtlingen doch nicht so schlecht gehen könne, wo sie doch alle das neueste Handy haben. Nun, es stimmt, laut Statistik besitzen 77 Prozent der Flüchtlinge ein Handy oder Smartphone. Diese Handvoll Elektronik ist aber kein Symbol für Luxus, sie garantiert die letzte funktionierende Verbindung zu den Angehörigen. Mein Großvater wird bis heute vermisst, seit September

1944, als er im Baltikum stationiert war, gibt es kein Lebenszeichen mehr von ihm. Jahrzehntelange Bemühungen mit dem Internationalen Roten Kreuz und den Vermisstenleitstellen, sowie die privaten Nachforschungen haben nichts ergeben. Daran muss ich denken, wenn Flüchtlinge im Libanon genauso wie in Rosenheim ihr Handy ans Ohr pressen und versuchen, ihren Bruder oder Vater, ihre Oma oder Cousine in Aleppo zu erreichen, oder in Homs, Hama, Raqqa, Idleb. Und im Hintergrund sind die Einschläge der Bomben zu hören. Seit Herbst 2015 auch russische Bomben. Es ist eine Nachricht mitten aus dem Krieg, die so im Zweiten Weltkrieg noch nicht möglich war. Nachrichten um Leben oder Tod.

Flüchtlingen können Sie *alles* nehmen, bis hin zur Würde, nur das Handy nicht. Natürlich weist das Handy auch den nächtlichen Weg über die Grenzen, wo googlemaps anzeigt, dass es nur noch 300 Meter bis zur ungarischen Grenze sind. Was *googlemaps* nicht anzeigt, ob nach diesen 300 Metern inzwischen ein NATO-Stacheldraht steht oder nicht. In München schlug ein Vater in der Erstaufnahmeeinrichtung wild um sich, als ihm die Polizisten das Handy wegnehmen wollten. Es ging wüst zu, man schimpft auf Arabisch und Bayerisch, verstanden hat keiner etwas. Niemand ahnte, dass dieses Handy die letzte Verbindung zu dem Bruder in Schweden war. Der Vater hatte seine beiden Söhne auf der Flucht aus den Augen verloren, von einem hieß es, er sei tot. Seit ganzen zwei Jahren keine Nachricht. Nach langem Ringen wurde ein einziger Anruf gestattet, nach Schweden. Dort meldete sich der Bruder und: die beiden Söhne. Sie

hatten es geschafft. Das trieb auch den Polizeibeamten die Tränen in die Augen.
Wissen Sie was, Herr Seehofer, aus diesen Geschichten werden eines Tages Filmklassiker werden, Symbole der Menschlichkeit, Humanität und der Liebe. Was fällt Ihrem Generalsekretär dazu ein? Wir riskieren „das Implodieren unserer Gesellschaft".

Bitte schaffen Sie *jetzt* die Grundlagen für eine neues Verständnis von Zusammenleben mit Neuankommenden. Das Geschwafel von der gefährdeten Tradition ist doch auch Ihnen unerträglich. Und es ist grundfalsch. Als eine der größten Bewahrer der bayerischen Tradition gelten die bayerischen Gebirgsschützen, heldenhaft hervorgegangen aus dem Kampf gegen die österreichischen Besatzer. *Lieber bairisch sterben als kaiserlich verderben*, lautete der Schlachtruf an Weihnachten 1705. So ewig in die Geschichte zurück, wie man es gerne hätte, reicht allerdings die Tradition doch nicht. So haben sich die Gebigsschützen in Bad Endorf erst im Jahr 1980 gegründet. Die Farbe der pflichtgemäß zu tragenden Kniestrümpfe sticht ins Auge: Hellblau. Das war so „in" zu der Zeit. Aber es sind eben nicht die Farben der alten Bayern aus den Voralpen, es sind die Farben der Schwarzen aus New York. Bronx-Hellblau statt Chiemsee-Tradition. Ich denke, in Endorf weiß man das – vielleicht auch nicht.
Es fällt auch nicht ins Gewicht, denn gegen Schwarze hat man in Bayern nichts, seit wir von Bayerns Innenminister Joachim Herrmann wissen: „Robert Blanco war immer ein wunderbarer Neger." Er hat *Neger* gesagt. Im

Fernsehen. Alle sind beledigt, nur Robert Blanco nicht. Wie auch? Roberto Blanco ist in Tunesien geboren, in Beirut aufgewachsen. Also ein echter Araber, und ausgerechnet auch noch aus dem Libanon – und der bayerische Innenminister hat keine Ahnung davon.
Lustig, nicht?

Syrien

„Die ganze Welt blickt nach Kobane, während Jobar [*Stadtteil von Damaskus*] gerade dem Erdboden gleich gemacht wird. Dort sind viele Mitglieder unserer Familie verschollen, unter anderem fünf Kinder. Ihr Vater war im Sommer mit ihnen zurückgegangen, weil er sich die Miete im grünen Gürtel nicht mehr leisten konnte. Anfang September kam er bei einem Luftangriff um. Aber noch nicht einmal die Familien in Syrien und im Libanon haben Kontakt zu den Verbliebenen in Jobar. Es ist entsetzlich, so viele im Stich lassen zu müssen".
Diese Email erhielt ich vor einem Jahr. Sie ist nur eine unter sehr vielen. Absender ist eine Familie, die in Bayern lebt und nun hilflos zusehen muss, wie einer nach dem anderen aus der Familie stirbt. Das Entsetzen, der Schockzustand, das Zusehenmüssen, wie die Liebsten umzingelt, bombardiert, gefoltert, vergewaltigt werden, ist zum Dauerzustand geworden. Das Grauen ist am nächsten Tag nicht vorbei, auch nicht in der nächsten Woche, oder nach einem Jahr. Es ist immer da. Ein Horror in jeder Sekunde, seit dem Jahr 2011. Und wird andauern bis…?

Herr Seehofer, ich fahre seit den 80er Jahren nach Syrien. Dreißig oder vierzig Reisen waren es bestimmt.
Ich habe die Angst der Menschen, über Politik zu sprechen, hautnah miterlebt, lange vor der Revolution. Viele Parallelen konnte man ziehen zur DDR. Was kein Wunder war, denn die Syrien-DDR-Kontakte waren sehr eng. Vom Militär über das Abhören bis zu Zensur und Reiseverbot. Und Proteste gegen die Assad-Führung wurden seit jeher brutal verfolgt.
Was war das für ein Land? Syrien: im Ersten Weltkrieg von Frankreich und England künstlich auf der Landkarte hergestellt. Und seit 1970 unter der brutalen Führung von Assads Vater. Im Februar 1982 dann das Massaker von Hama, eine altehrwürdige Stadt auf der Achse Aleppo-Damaskus gelegen. Die Altstadt wurde dem Erdboden gleichgemacht, 25000 Menschen oder mehr wurden umgebracht. Es war ein Krieg gegen die eigene Bevölkerung. Die internationale Presse hatte keinen Zugang zu den Kämpfen, die Weltöffentlichkeit wurde ferngehalten, und die Syrer wurden zum absoluten Schweigen verdonnert. Noch heute gibt es Soldaten von damals, die gezwungen wurden, auf ihre eigenen Landsleute zu schießen. Alte, Frauen und Kinder, die aus den Häusern getrieben und von tödlichen Salven niedergemäht wurden. Manchmal bis zu 600 Menschen auf einmal. Viele der Todesschützen sind noch heute traumatisiert, psychisch krank. Der „Schlächter von Hama“ war der syrische Verteidigungsminister Mustafa Tlass. Mustafa Tlass ist mit illegalem Waffenhandel, speziell in den Irak, unfassbar reich geworden. Zudem war er der Herausgeber der syrischen Ausgabe

von Hitlers *Mein Kampf.* Übrigens: Franz Josef Strauß hat sich gerne mit ihm abgegeben und besuchte immer, wenn er in Syrien weilte, Mustafa Tlass. Der mochte das und sagt über Strauß: „Ich liebe Strauß, mein Herz schlägt für Bayern. Von Zeit zu Zeit kommt Strauß zu uns, oder wir besuchen ihn, um über die internationale Lage und arabische Politik zu sprechen. Stets sind wir einer Meinung." Mustafa Tlass lebt seit Ausbruch der Gewaltätigkeiten 2011 in Frankreich. Seine Nachfolger haben Hama erneut ins Visier genommen. Im Sommer 2011 zogen 400000 bis 500000 Syrer durch Hama, um gegen die Massenverhaftungen von Assad zu protestieren, firedlich. Dann fuhren von vier Seiten Panzer auf, Scharfschützen der syrischen Armee postierten sich auf den Dächern, und am Ende dieser vier Tage lagen 300 Menschen tot auf den Straßen. Hunderte wurden verletzt. Wieder ein Krieg gegen die eigene Bevölkerung.

Herr Seehofer, ich weiß, dass uns die Zwänge der Politik dazu bringen, auch mit Verbrecher-Regimen Umgang zu pflegen. Wenn Sie nur mit den Nettesten dieser Erde Kontakt halten wollten, würden Sie oft alleine am Tisch sitzen. Trotzdem! Wir lassen uns von den Diktatoren immer zu viel gefallen. Denken Sie an Sohn von Gaddafi! Zehn Verfahren waren in München gegen ihn anhängig, vom Fahren unter Alkoholeinfluss, Waffenschmuggel, Körperverletzung bis hin zur Anstiftung zum Mord. Das Meiste wurde eingestellt und der ehemalige Münchner Polizeipräsident ließ sich von ihm in den Bayerischen Hof zum Essen einladen.
Was denken Sie? Könnte sich diese Latte an Vorwürfen

auch nur ein einziger syrischer Flüchtling leisten? Und warum hat unsere Demokratie eigentlich keine „Belastungsgrenze“ festgesetzt, wenn Diktatorensöhne ihren Waffenhandel von deutschem Boden aus treiben?

Geheimdienstler aus der syrischen Botschaft, erst in Bonn und später in Berlin, lieferten Bomben an Terroristen, waren in Anschläge verwickelt, verübten Morde. Auf deutschem Boden. Die deutsche Reaktion: null.
Über 30000 Syrer lebten vor Revolutionsbeginn 2011 in Deutschland. Es war ganz natürlich, dass sich die Gruppe bald spaltete in Pro-Assad und Anti-Assad. Wer gegen Assad war, lebte gefährlich, wurde verschleppt, zusammengeschlagen oder im Internet mit Bild veröffentlicht. Die Verwandten in Syrien riefen verzweifelt in Deutschland an. Tausendfach flehten Sie ihre gegen Assad protestierenden Familienangehörigen an: „Hört auf damit in Deutschland! Die wissen das hier. Der Mukhabarat [*der syrische Geheimdienst*] verhört uns schon.“

Die Geheimdienste Syriens und Deutschlands galten als „befreundet“, das syrische Regime als Garant für „Stabilität“. Und Stabilität ist wichtig für uns. In Wahrheit meint dieses Wort nur eines: wir können gute Geschäfte machen. Mitte der 2000er Jahre boomten die Wirtschaftsbeziehungen: 38 Prozent mehr Importe aus Syrien, 41 Prozent mehr Exporte nach Syrien, und Gerhard Schröder erließ Syrien schon im Oktober 2000 alle Altschulden aus DDR-Zeiten, insgesamt wohl 2,5 Milliarden Mark.
Gegenleistung: null.

Damaskus war die Drehscheibe für irakische Terroristen und bot den Widerstandskämpfern im Irak gegen die Amerikaner bereitwillig Hilfe an. Wer im Kampf gegen die US-Truppen kurze Erholung brauchte, eine medizinische Behandlung oder seine Familie in Sicherheit bringen musste, ging wohin, Herr Seehofer? Zu Assad. Nach Ost-Syrien. Heute heißt das: Islamischer Staat. Der wird regiert von ehemaligen Saddam Hussein-Leuten. Zum größten Teil handelt es sich um Luftwaffenoffiziere des früheren Iraks, die nach dem Tod Saddams arbeitslos wurden und seitem ohne Macht sind. Der islamistische Terror ist Fassade. Dieselben Herren hatte mancher deutsche Politiker bis zum Fall von Saddam Hussein in schicker Uniform oder dunklem Anzug am Tisch sitzen. Heute geben sie sich als Hüter des Kalifats.
Wenn ich vor Ort bin, um ein paar Menschen zu helfen, reden wir über vieles. Über eines so gut wie nie: den Islamischen Staat. Warum? Für uns im Westen ist der Islamische Staat nach den jüngsten Anschlägen in Paris zum Symbol für Terror geworden, sogar zum Kriegsgegner, aber für die meisten syrischen Flüchtlinge ist IS bedeutungslos!

Der Grund dafür ist ganz einfach. Der größte Feind der Syrer ist, war und bleibt: Assad. Nur als Beispiel: Alleine im Dezember 2014 wurden in Syrien 1328 Zivilisten durch die syrische Armee getötet. Die meisten Opfer sind identifiziert durch Fotos, Zeugenaussagen, persönliche Dokumente. Im gleichen Zeitraum wurden 49 Tote als Opfer von IS gemeldet. Doch die Weltgemeinschaft überlegt erneut, mit Assad zu reden und eine riesige

Koaltion gegen IS zu bilden. Über diese Form der Politik reiben sich die unter den Bomben leidenden Zivilisten ungläubig die Augen.

Das syrische Regime betreibt 27 Folter-„Zentren". Darin wurden doppelt so viele Menschen zu Tode gequält wie auf IS-Seite, manche sprechen von viermal so vielen Menschen. Für das Elend der Menschen die Zahlen der Statistik bemühen zu müssen, ist grausam und zynisch. Doch ich hoffe, Ihnen damit die Situation der Menschen in Syrien ein wenig näherzubringen. Syrer fliehen, weil Sie Angst haben, getötet zu werden, vielleicht heute, vielleicht morgen. Und sie wissen, dass es Assad egal ist, ob sie tot sind oder lebendig.
Fassbomben ist das Schreckenswort seit 2012. Einfache Tanks oder Fässer, gefüllt mit Sprengmitteln, Metallteilen, giftigen Abfällen, allem Möglichen, was zerstört, verletzt, vernichtet. Fassbomben sind international geächtet, aber massenhaft und vor allem billig herzustellen. Man braucht auch keine Spezialisten dazu. Sie werden in den Laderäumen von Hubschraubern gestapelt und völlig planlos über zivilem Gebiet abgeworfen. Zehntausendfach. Assad bestreitet die Existenz solcher Waffen, den Einsatz sowieso. Herr Seehofer, ist Ihnen denn bewusst, dass in Syrien höchstens vier Prozent der Bevölkerung mit den Kämpfen etwas zu tun haben? 96 Prozent der Bevölkerung Syriens kämpfen *nicht*. Sie sind ausschließlich Opfer. Sehr oft sogar Opfer von allen Seiten. Meinem Freund D. wurde erst das Haus von der syrischen Luftwaffe bombardiert und dann von Islamisten ausgeplündert.

Das gezielte tägliche Töten der syrischen Zivilbevölkerung *muss* aufhören. Herr Seehofer, wenn Sie sprechen, gehen die Mikrofone an. Warum mischen Sie sich nicht ein? Sie werden bundesweit gehört, wo sind Ihre Appelle, Ihre Ideen, Ihre Vorschläge, das Grauen zu beenden? Wo Ihre Forderungen nach Flugverbotszonen, ihre Solidarität mit der syrischen Zivilbevölkerung? Wo ist Ihr Aufruf an die Amerikaner, endlich den Server einer kalifornischen Firma für den IS zu sperren, über den die IS-Internetseiten in höchster Qualität weltweit verbreitet werden? Ich finde nichts. Weder in Ihren Reden, noch im Internet. Ich entdecke nur eines: die Forderung nach einer Obergrenze für Flüchtlinge. Warum? Die EU ist der größte Wirtschaftsraum der Welt, es gibt 24 Amtssprachen, die Bevölkerungszahl beträgt über ein halbe Milliarde Menschen. Und da knicken wir ein vor paar hunderttausend Flüchtlingen? Der Wahlspruch der EU lautet: “In Vielfalt geeint“.
Kaum stehen aber Menschen aus Somalia, Afghanistan und Eritrea vor der Tür, ist es vorbei mit Vielfalt und der Idee eines geeinten Europa. Die Stacheldraht-Hersteller haben dafür Hochkonjunktur. Da gibt es kein logistisches Problem, der kann geliefert werden für 100 Kilometer oder für 10000 Kilometer, völlig egal. Aber Räumlichkeiten und Deutschkurse für Menschen anzubieten, da kapitulieren reihenweise Bürgermeister, Landräte und nicht zuletzt die Regierungs-Task-Force. Warum? Seit Jahren war es absehbar, was passieren wird? Hat man wirklich gedacht, die sengende Hitze der Sahara und die wilden Strömungen des Mittelmeeres würden Menschen davon abhalten, sich auf den Weg zu

machen? Wie töricht.
„Unvorbereitet“, ist das Wort der Stunde. Es schallt uns aus jedem Rathaus entgegen.
Ich bitte Sie von ganzem Herzen, nicht so lange zu warten, bis Sie mit einer bayerischen Wirtschaftsdelegation wieder nach Damaskus reisen können, um schöne Verträge für den Wiederaufbau abschließen zu können. Holen Sie die Wirtschaftsgelegationen nach Bayern und fahren Sie mit ihnen zu den Flüchtlingszentren. Da gibt es viel zu tun. Da gibt es was zu verdienen.
Und holen Sie die Manager. Sagen Sie Ihnen, Geld gibt es keines, höchstens humanitäre Boni. Derzeit liegen 163000 offene Verfahren unbearbeitet in den Ämtern, 15000 davon sind älter als zwei Jahre. Die Wartezeit für die Bearbeitung eines Vorgangs liegt im Schnitt bei sieben Monaten. Herr Ministerpräsident, Sie sagten, „dass die Angelegenheit aus den Fugen geraten ist“. Ja, das denke ich auch.
Nur meinen wir beide etwas ganz anderes damit.

Es ist nicht lange her, da stand im gebirgigen Norden des Libanon eine Syrerin vor mir. Sie sah aus wie alle anderen. Schlappen an den Füßen, die in zerlöcherten Söckchen steckten. Bekleidet war sie mit einem langen dunkelgrauen Überwurf, auf dem Kopf ein gemustertes Kopftuch. Sie stand bei der Essensausgabe unserer Feldküchen, die wir dort aufgestellt hatten, um den Leuten regelmäßig warmes Essen zu geben. Die 21 US-Dollar der Vereinten Nationen, die an die registrierten Flüchtlinge in Form eines Coupons verteilt werden, sollen für einen ganzen Monat reichen. Für den gesamten

Lebensunterhalt, Matratzen, Decken, Heizmaterial, Essen, Trinken, Hygieneartikel, Kleidung, Schulgeld und Miete für den Schweinestall, in dem sie leben. Diese 21 US-Dollar sind zum Sterben zuviel. Zum Leben ist es zu wenig.
Nach Europa reisen?
Gelächter im Umkreis.
Wie denn?

Die Frau erzählte mir von ihrer Flucht. Sie stand eines Abends im Libanon, in Kostüm und Pumps. Von den anderen Flüchtlingsfrauen schlug ihr Aggressivität entgegen. Was ihr einfiele, so hier aufzutauchen. Absätze! Es war keine Diskussion um islamische Traditionen. Es war der Vorwurf, hier inmitten des Elends so schick gekleidet aufzutreten. Sie wurde tagelang geschüttelt von Weinkrämpfen, berichtet sie: „Ich hatte nichts anderes. Ich bin aus der Arbeit geflohen, aus der Kanzlei heraus. Ich hörte die Bomben und man hat mir gesagt, dass mein Haus nicht mehr existiert. Wie alle anderen Häuser in unserer Straße."
Sie musste aus der Arbeit fliehen. So wie sie war. Kein schnelles Umziehen war mehr möglich, gar Freizeitschuhe und Erinnerungsstücke einpacken, oder frische Socken. All das, was ein Zuhause war, existierte nicht mehr. Ab sofort ein Leben in Armut, in der Fremde und alleine. Der Mann ist vermisst.
Mein Verein Orienthelfer e.V. kümmert sich im Libanon um syrische Witwen. Wenn man sie sucht, trifft man den ganzen Tag auf keinen einzigen Mann. Die Männer sind tot, vor den Augen der Kinder erschossen,

gefoltert, oder sie sind vermisst. Sie stehen auf, wenn wir kommen, die Großmutter, die Mutter, drei Töchter und zwei Schwiegertöchter. Opa, Vater, drei Schwiegersöhne, zwei Söhne – alle tot.

Wenn ich gehe, gebe ich Ihnen nicht die Hand.

Das ist gute Sitte im Islam, sogar bei manchen Christen im Orient: Man fasst eine Frau, die man nicht kennt, nicht einfach so an. Das ist ein Zeichen des Respekts. Bei uns allerdings glaubt man, es sei ein Zeichen der Unterdrückung der Frau. Welch eine Ignoranz! Als ich vor ein paar Wochen mit einer katholischen Gruppe dort war, hat mir eine mitreisende Frau danach anvertraut: „Ich konnte mir das mit dem Verbot des Händeschüttelns echt nicht vorstellen. Aber letztendlich kam ich mir sogar respektvoller behandelt vor, wenn der Mann nur nickend grüßte und mir nicht die Hand gab. Was soll ich denn mit den Deppen hier! Die einem ihre Hand wie ein nasser Waschlappen in die Hand drücken, und mich nicht einmal anschauen dabei. Pfuideifi."

Kultur in Gefahr?

Kommt der Islam nach Bayern? Er ist schon da! Herr Seehofer, kennen Sie Abdullah (wörtlich: „Der Knecht Allahs") Kenan Koraca? Der Mann ist Muslim. Und Türke. Er ist erst 26 Jahre alt, aber er wird darüber entscheiden, was eine halbe Million Menschen sehen wird, oder nicht. Mitten in Oberbayern. Abdullah ist nämlich seit Juni 2015 zweiter Spielleiter der Oberammergauer Passionsspiele. Mit 13 gegen 5 Stimmen hat ihn der

Gemeinderat in dieses Amt gewählt. Ziemlich genau ein Jahr, nachdem sich die bayerische Staatsregierung dazu entschlossen hat, die Oberammergauer Passionsspiele in das „Verzeichnis des immateriellen Weltkulturerbes" aufnehmen zu lassen. Die Landshuter Hochzeit und der Münchner Viktualienmarkt sind dabei durchgefallen. In der Pressemitteilung schreibt Bildungsminister Spänle über die Entscheidung für die Passsionsspiele: „Sie tragen zur Stiftung von Identität bei." Wird diese Identität verloren gehen, wenn nun ein junger Muslim das Spiel vom Leiden und Sterben Christi leitet? Nein. Genauso wenig werden Eriträer, Somalier und Iraker sich im Baumarkt Äxte besorgen und die Maibäume umhauen, die Trachten verschandeln, die Berge sprengen. Es gehörte übrigens zur bayerischen Tradition, dass Frauen in Oberammergau nichts zu melden hatten. Wussten Sie, dass erst im Jahr 1990 Frauen die Gleichberechtigung bei den Spielen zugestanden wurde? Nicht freiwillig, der Bayerische Verwaltungsgerichtshof musste ein höchstrichterliches Urteil sprechen.

Ein simple Tatsache ist, dass es das, was jetzt „Leitkultur" genannt wird, ohne Fremde überhaupt nicht gäbe. Den Freistaat Bayern hat, wie Sie wissen, kein Ministerpräsident der CSU ausgerufen, sondern der Sozi Kurt Eisner. Ausgerechnet auch noch ein Berliner. Der Erstbesteiger der Zugspitze war Josef Nauss, Spross einer belgisch-niederländischen Familie. BMW wurde 1917 von Nichtbayern gegründet, einem Chemnitzer und einem Berliner - die dann einen Wiener zum ersten Geschäftsführer ernannten. Audi kommt aus Zwickau, und die Umbenennung von Horch in Audi ist einem Gymnasiasten aus Sachsen eingefallen, der nicht einmal gut in Latein war. Die höchste Karte in Bayerns beliebtem Kartenspiel, dem „Watten", ist der „Maxe". Benannt nach dem ersten König von Bayern, Max Joseph. Der war auch kein Bayer, sondern Baden-Württemberger, der in Frankreich aufgewachsen ist. Edmund Stoibers Mama ist aus Dormagen, und das Bier stammt ursprünglich aus Babylonien (Arabien!).

Katholisch sind wir, weil uns irische Mönche bekehrt haben. Einer der Ersten in Bayern war Eustasius, ausgerechnet der Patron der Blinden und Besessenen. Ein Zufall? Der Stamm der Bayern ist ein Gemisch aus Römern, Kelten, Langobarden, Ostgoten, germanischen Söldnern und Nachfahren der Römertruppen. Unter denen übrigens auch syrische Bogenschützen waren! So hat mancher bayerische Gebirgssschütze vielleicht heute noch mehr syrisches Blut seiner Vorfahren aus Arabien in sich als ihm lieb ist. Und die ankommenden Flüchtlinge sind nichts anderes als die entfernte Verwandtschaft.

Und jetzt kommt das Schlimmste: ohne Türken keine Bierzelte. Wer sich gegen Multikulti wehrt, muss sofort die Abschaffung sämtlicher Bierzelte fordern. Die nämlich sind türkisch. Herr Seehofer, setzen Sie die Haushistoriker der Staatskanzlei mal ins Archiv und lassen Sie nach bayerischen Bierzelten forschen aus der Zeit vor 1810. Sie werden keines finden. Das größte Volksfest der Welt entstammt der königlichen Hochzeit von 1810. Auf den ersten Abbildungen sieht man die Hochzeitsgesellschaft auf der „Wiesn" einziehen, geschützt durch

ein riesiges Zelt, das über ihnen getragen wird. Oben an den Stützen sind islamische Halbmonde befestigt, was anscheinend niemanden störte. Im Gegenteil. Dieses praktische Zelt war ein Beutestück aus dem Jahr 1683, als die Türken Wien belagerten und nach gewaltigen Kämpfen zurückgeschlagen wurden. Zurück ließen sie für uns den Mokka, die Kipferl, die Kaffeehäuser und das Zelt der Königsfamilie, das man nach ein paar Runden auf den Boden gestellt hat und in dem dann das Bier ausgeschenkt wurde. Bis heute. Als Landesvater erhalten Sie traditionsgemäß zur Eröffnung der Wiesn (nach dem berühmten „Ozapft is“ des Münchner Oberbürgermeisters) die erste Maß.
In einem Türkenzelt!

Es war letzten Sommer. Ich stand in einem kleinen medizinischen Zentrum im Norden des Libanon, das mein kleiner Verein durch die Hilfe von Sternstunden e.V. unterstützen kann. Monat für Monat. Ohne uns müssten sie schließen. Bis zu 500 syrische Patienten haben die Ärzte dort täglich zu versorgen. Mit zu wenig Personal, zu wenig Geld, zu wenig Medikamenten. Drei der Ärzte sind aus Syrien geflohen, weil sie eingesperrt waren. Warum? Sie haben Demonstranten versorgt, die von der Armee angeschossen worden waren. Die Nothilfe war kein politischer Akt, sondern nur hippokratische Pflicht. Ärzte müssen helfen. Dafür sind sie in Damaskus gefoltert worden – aber sie haben im Gegensatz zu vielen anderen Ärzten überlebt. Ärzte, Schwestern, Patienten dort, alle sind sie tapfere Leute, aber es wird viel geweint. Auch von uns. In einer kleinen Kaffeepause sitze ich neben dem Mann, selbst ein syrischer Flüchtling, der für den Einkauf und die Verteilung der Medikamente zuständig ist. Er kann Englisch. „Bitte sagen Sie den Menschen in Deutschland, was Flüchtlinge alles leisten können."

„Das werde ich tun."

Er lacht. „Ich meine es ernst. Die Kinder von Flüchtlingen können die Welt verändern. Sehen Sie, der Sohn eines syrischen Flüchtlings ist einer berühmtesten Männer der Welt geworden." Er nahm mir mein Handy aus der Hand, drehte es um, und zeigte auf den Apfel. „Der Erfinder von Apple ist Steve Jobs. Sie kennen ihn? Er ist einer von uns. Ein Homsi. Sein Vater ging nach Kalifornien, konnte studieren, und bekam ein Kind. Aber laut Gesetz musste er es zur Adoption freigeben. Das Kind war Steve. Ohne Syrer kein Apple. So einfach ist das. Ich heiße Jandali wie sein Vater, ich bin sein Cousin."

Steve Jobs ist 2011 gestorben, wenige Monate nach Ausbruch der Revolution. „Wenn er noch leben würde, wüsste die ganze Welt über unser Elend Bescheid."

Der Cousin von Steve Jobs lebt heute mit seiner Familie in Bielefeld.

Herr Seehofer, halten Sie es für weitsichtig, sich erst dann für Fremde zu interessieren, wenn sie Telefone erfunden haben, mit denen man auch fotografieren kann? Gibt es keine Willkommenskultur der CSU? Das sah am G7-Gipfel in Ellmau aber anders aus. Ihre Worte: „Wir sind weltoffen, gastfreundlich, neugierig auf andere. Menschen aus anderen Kulturen leben gerne hier. Herzlich willkomen in Bayern, welcome dahoam." Und das ganze hat gekostet: 360 Millionen Euro, vielleicht auch mehr. Die Zahl ist geheim. 2014 hat die Staatsregierung noch anderes behauptet, es hieß der G7-Gipfel koste „einen kleinen zweistelligen Millionenbetrag". Wenige Monate später eskalieren die Emotionen gegen Flüchtlinge. Nix mehr: „neugierig auf andere" oder „welcome". In keinem Satz Ihrer Partei taucht das Wort auf, mit dem ich groß geworden bin: „Schee, dass d das bist." Das sagten zu meine Eltern zu unseren Gästen, selbst zu meinen wüstesten Freunden, selbst zu meiner amerikanischen Austauschschülerin, die kein Wort Deutsch kannte außer „gut".

Es wurde zuhause jeder aufgenommen, jeder bewirtet, jeder willkommen geheißen, jedem ein Schlafplatz angeboten. Dazu muß gesagt werden, dass mein Zuhause keine Kommunardenvergangenheit hat. Meine Eltern tragen Lodenjacke und Dirndl, können Volkstanz und sind froh, in Bayern zu leben. Meine Eltern sind das gelebte Beispiel von bayerischer Willkommenskultur. „Wer betrügt, der fliegt"-Sätze würden ihnen nicht im Traum einfallen. Nicht, wenn man selbst moralischen Dreck am Stecken hat: Fälschungen der Doktorarbeit, Verwandtenaffäre. Oder Missverständnisse. Im Jahr 2011 wird wieder einmal der Bambi verliehen. Dabei gibt es einen Integrations-Bambi für den Rapper Bushido (Halb-Tunesier, 1978 in Bonn geboren). Sogar Sängerkollege Heino zeigt sich über die Entscheidung erschüttert: „Ich bin zutiefst empört, dass man einem gewalttätigen Kriminellen wie Bushido den Bambi verleiht." Den Bambi, der ihm selbst im Jahr 1990 verliehen worden war, gibt er zurück. Bravo, Heino! Bushidos

Texte sind extrem frauen- und schwulenfeindlich. Und auch sonst nicht freundlich. Schon 2011 hat man längst von seiner extremen Nähe zum organsierten Verbrechen in Berlin gewusst. Aber, Herr Ministerpräsident, Sie haben ihn beim Filmball in den Arm genommen und geherzt. als sei er Hannelore Elsner und sich von ihm gewünscht, dass er eine CSU-Hymne schreibt. Und Sie haben peinlicherweise in einer Berliner Jugendeinrichtung behauptet, ganz gerne mal zu den Texten von Bushido zu rappen.
Das sind Fehler. Und Fehler passieren jedem. Geschenkt. Davon eine Richtung der Staatsregierung abzuleiten, wäre weit hergeholt. Dennoch: Da hat Sie jemand unfassbar schlecht beraten. So etwas tut man nicht. Aber diese unschönen Erlebnisse sollten dazu beitragen, mit etwas mehr Lässigkeit zu reagieren, wenn andere Menschen ihre Fehler machen. „Wer die Fehler hasst, hasst die Menschen." sagte der römische Senator Thrasea Paetus häufig – aber Neros Schergen brachten auch ihn um.

Herr Seehofer, cool down, und klären Sie Ihre Parteimitglieder darüber auf, welche großartigen Möglichkeiten die Zuwanderung bietet. Damit ist nicht Bushido gemeint. Erklären Sie Ihnen und allen anderen Menschen in Bayern: Ohne ständigen Einfluss von Fremden gäbe es keine bayerische Geschichte, keine bayerische Kultur, nicht einmal die CSU.
Und das wäre schade.

Der Balkan ist sicher

Das klingt nach Norbert Blüm und ist wie schon sein Satz zur Rente unwahr. Aber derzeit sind offenbar alle ganz wild darauf, in Südosteuropa sogenannte „sichere Herkunftsländer“ zu finden. Insgesamt handelt es sich um 13 Staaten, von denen sechs bereits zur EU gehören. Trotzdem ist uns die Region nicht geheuer: Chaos, Blutrache, Völkergemisch, Zigeuner, da beginnt der Orient, verschlagen und hinterhältig. Seit Jahrhunderten werden diese Balkan-Klischees gehegt und gepflegt. Eine der Tatsachen über den Balkan ist: Albanien war das erste offiziell atheistische Land dieser Erde – ein Grauen nicht nur für katholische Oberbayern. Über Albaner wusste schon der gelernte Postmann und ehemalige Wirtschaftsstaatssekretär Erich Riedl (CSU), dass sie mit dem „aufgeklappten Messer“ zur Welt kämen. Ein Mann, der eine „asylantenfreie Zone“ forderte, Strippenzieher bei dubiosen Waffen-Deals war, in Peenemünde den 50. Jahrestag von Hitlers V2 feiern wollte, und der – für mich besonders schmerzhaft – dem TSV 1860 München den Lizenzentzug bescherte und damit den Abstieg in die Bayernliga.
Die Beschimpfung des Balkan hat eine lange Tradition. („Serbien muß sterbien“). Heute klingt das in deutschen Talkshows so:

„Wer wird denn
aus Serbien vertrieben, aus Mazedonien vertrieben?
Das ist doch Oberblödsinn!“

So analysiert der bayerische Innenminister Joachim Herrmann im ZDF die Lage. Sowas kommt bei vielen gut an. Damit ist alles gesagt und man kann sich wieder mit den wichtigen Dingen des Tages beschäftigen: Laubbläser, Sonderangebote und Darmspiegelung. Doch das Gerede des Innenministers vor einem Millionenpublikum ist schlichtweg unsachlich und falsch. Herr Seehofer, warum schreiten Sie nicht ein? Warum rügen Sie ihn nicht: Joachim, bitte mehr Sachlichkeit!

Stattdessen sagen Sie im Juli auf der Klausurtagung am Tegernsee: „Wir müssen auch klar benennen, um was es geht, wenn Menschen ohne Schutz¬an¬spruch nach Deutsch-land kommen, wie zum Beispiel vom Westbalkan."

Damit sagen sie klar und deutlich: wer beispielsweise aus Mazedonien kommt, oder aus dem Kosovo, hat grundsätzlich keinen Anspruch auf „Schutz". Aus der ganzen CSU hallt es unisono: Asylmißbrauch, schnelle Abschiebung, der Balkan ist sicher.

Herr Seehofer, halten Sie kurz inne!

Vielleicht sind Sie alle nur auf den inzwischen zurückgetretenen Präsidenten des Bundesamtes für Migration hereingefallen, der in der *BILD* behauptete, dass man für das Taschengeld von 143 Euro in den Staaten des Westbalkan neun bis zwölf Monate leben könne. Dies sei der Grund, warum sie zu uns kämen – um nach fünf Monaten in Deutschland mit einem Sack voll schönem deutschem Geld in die Heimat zurückzukehren, um dort königlich zu leben.

Aber hat sich in der CSU jemals jemand die Mühe gemacht, nach der Wahrheit zu forschen?

Wer nach fünf Monaten Deutschlandaufenthalt nach

Mazedonien abgeschoben wird, fährt mitnichten mit 5 mal 143 Euro zurück. Und selbst wenn: es wären insgesamt nur 715 Euro.
Kann man davon in Skopje ein Jahr lang leben?
Ja.
Wenn man sich das ganze Jahr in einen Park setzt und jeden Tag 2,5 Liter Cola trinkt. Das ist sehr ungesund und wird auf Dauer niemand überleben. Aber genau dafür reicht das Geld. Für mehr nicht. Wer in Mazedonien in einer Wohnung wohnen möchte, tanken, eine Kleinigkeit essen möchte, womöglich Kinder hat, einen Fernseher, mal ein Buch zu einem Geburtstag verschenken will, Steuern zahlt oder im Sommer in ein Schwimmbad geht – dafür reicht es nicht. Wir nennen das: Leben.

Aus Mazedonien kamen im ersten Halbjahr laut BAMF 4182 Flüchtlinge, im Bürokratendeutsch heißt das „Erstanträge auf Asyl". Somit waren also nur 2,6 Prozent aller Flüchtlinge, die im ersten Halbjahr 2015 nach Deutschland kamen, Mazedonier. Muss man deswegen so eine große Klage erheben, Gesetze ändern, Konferenzen einberufen, falsche Zahlen in Umlauf bringen?
Mazedonien ist nicht einmal so groß wie Ober- und Niederbayern zusammen. Der Regierungschef heißt Gruevski und hat an der Frankfurter und anderen Börsen das Investmentbanking gelernt. Er ist Mitte vierzig, schaut gut aus, liebt Europa, die NATO, überhaupt alles, was man in Europa hören will. Leider gilt er im eigenen Land als unsäglicher Populist. Ihm wird Amtsmissbrauch vorgeworfen, dazu Bestechung, Eingriff in die Gerichtsbarkeit, Bedrohung und Verhaftungen

politischer Gegner. Das illegale Abhören von jedem hundertsten Mazedonier ist nur ein Teil der Skandale. Was die Medienfreiheit betrifft, wird Mazedonien weit hinten zwischen Katar und Afghanistan eingestuft. Und im Dezember 2012 hat die Regierung die Polizei geholt, um die Opposition aus dem Parlament zu schmeißen. Kurzum, Sie, ich, und viele andere wollen dort nicht leben. Und müssen wir auch nicht. Menschen, die dort zufällig geboren sind, aber schon. Nun baut die EU Druck auf, damit die unzufriedenen Mazedonier nicht zu uns kommen. Das Zusammenspiel funkioniert gut, denn schließlich will das Balkanland in die EU. Das heißt, man kommt uns gerne ein bisschen entgegen.

Wie?

Ganz einfach. Wer als Mazedonier einmal woanders um Asyl nachgesucht hat und wieder zurückgeschickt wurde, erhält einen Eintrag in seinem Pass, oder er wird ihm weggenommen. Eine Ausreise aus Mazedonien ist damit nicht mehr möglich. Asyl in einem anderen Land zu beantragen, ist unter Strafe gestellt. In Serbien wird das gleiche Gesetz dazu gerade vorbereitet.

Heute ist es schon so weit, dass den mazedonischen Behörden der Verdacht genügt, dass der Reisende in einem anderen Land um Asyl nachsuchen *könnte*, um die Ausreise aus Mazedonien nicht zu genehmigen.

Wer sind die Hauptleidtragenden? Sinti und Roma. So sind zum Beispiel 90 Prozent aller Asylsuchenden aus Serbien Roma. In Mazedonien haben Roma eine Lebenserwartung, die zehn Jahre unter der Lebenserwartung der Gesamtbevölkerung liegt. Einem Rom ist eine legale Ausreise aus Mazedonien kaum möglich. Wer als

Rom auffällt, bekommt oft die Sozialleistungen entzogen und hat kaum Zugang zu medizinischer Versorgung. Die Kindersterblichkeit unter den Roma ist wegen der fehlenden medizinischen Versorgung doppelt so hoch, der Zugang zu sauberem Trinkwasser fehlt zu 80 Prozent. Sie werden diskrimiert, ausgegrenzt aus der Gesellschaft und ihre Lager werden regelmäßig zwangsgeräumt. In Serbien sind Romaangehörige bereits vom rassistischen Mob getötet worden, in Ungarn hat ihnen ein Bürgermeister den Krieg erklärt.

Herr Seehofer, halten Sie es angesichts dieser Lage für angebracht zu sagen, die gut 4000 Menschen aus Mazedonien sind „Menschen ohne Schutzanspruch"?

Andere europäische Staaten halten es mit den Balkanstaaten anders. Dort gibt es für die Asylgesuche der Menschen, die sich auf das Wagnis einlassen, ihre Heimat zu verlassen, eine weit höhere Anerkennungsquote als in Deutschland. Sind das alles dümmliche Gutmensch-Europäer?

Die Sprachrohre Ihrer Partei machen kein Hehl daraus, dass sie Flüchtlinge gerne wieder nach Südosteuropa zurückschicken wollen, denn dort sei es ja „sicher". Als die renommierte Hilfsorganisation *Oxfam* eine Umfrage unter 100 Flüchtlingen machte, stellte sich heraus, dass sie *alle* von der bulgarischen Polizei massakriert worden waren. Die Übergriffe bestanden aus „Erpressung, Raub, Körperverletzung, Drohungen und Attacken von Polizeihunden.", so *Oxfam*. Wäre es nicht an der Zeit, einmal Europa in den Griff zu bekommen?

Es geht hier nicht um humanitäre Vorstellungen. Ein Staat, so habe ich das einmal gelernt, hat eine besondere Sorgfaltspflicht, nach innen und nach außen. Ganz besonders dann, wenn man aus heiterem Himmel ganze Staaten auf einmal als „sichere Herkunftsländer" einstufen will. Und zwar Länder, die bis vor kurzem totalitär und diktatorisch geprägt waren, und weder Meinungsfreiheit, Rechtsstaatlichkeit oder Minderheitenrechte kannten. Da sollte man sich Zeit lassen, und genauer hinschauen. Soweit ich das sehe, tun Sie das nicht. Sie teilen Flüchtlinge ein in gut und böse. Und Sie beschäftigen die PR-Abteilung Ihres Hauses damit, sich nette Worte für die Balkan-Lager auszudenken. Und so werden dann aus dem Abschiebelager ein „Asylzentrum". Oder eine „Rückführungseinrichtung". Hätten Sie mich gefragt, ich hätte es noch netter formuliert: „Pfüati-Hütt'n" oder „Servus-Stüberl".
Auf die Not des Einzelnen und seine Gründe wird nicht mehr geschaut, nur noch auf seinen Geburtsort: Skopje – ab nach Hause.

Oder ist es in Bayern vielleicht so, dass man die europäische Gesetzeslage gar nicht kennt?
Haben Sie oder Ihr Innenminister jemals etwas von der „Richtlinie über Mindestnormen für die Anerkennung von Flüchtlingen" gehört. Keine Sorge, das ist nichts Ansteckendes, und es steckt auch nicht Sarah Wagenknecht dahinter, sondern der Rat der Europäischen Union. Diese Paragraphen sind auch ein für Sie geltendes Europagesetz. Dort steht unter Artikel 9 explizit, wer als Flüchtling anzuerkennen ist. Und vor allem, was nach

europäischem Recht als „Verfolgung" zu gelten hat: „Als Verfolgung im Sinne von Absatz 1 können unter anderem die folgenden Handlungen gelten: die Anwendung physischer oder psychischer Gewalt, einschließlich sexueller Gewalt, gesetzliche, administrative, polizeiliche und/oder justizielle Maßnahmen, die als solche diskriminierend sind oder in diskriminierender Weise angewandt werden, unverhältnismäßige oder diskriminierende Strafverfolgung oder Bestrafung, Verweigerung gerichtlichen Rechtsschutzes mit dem Ergebnis einer unverhältnismäßigen oder diskriminierenden Bestrafung".

Verstehen Sie das, Herr Seehofer? Unmißverständlich wird hier erklärt, dass ein Flüchtling nicht nur dann ein Flüchtling ist, wenn ihm Bomben auf den Kopf geworfen werden, sondern auch dann, wenn er davor flieht, gequält und unmenschlich behandelt zu werden.

Die aufgeführte Definition ist richtig, Herr Seehofer, Ihre ist falsch.

Natürlich können Sie nun sagen, ich sollte mich nicht nur auf Mazedonien beschränken, sondern auch einmal den Kosovo betrachten. Gerne. Der Kosovo ist klein. Im gesamten Kosovo leben so viele Menschen wie in Hamburg. Selbst wenn alle kämen, würden wir nicht untergehen. Über den Kosovo heißt es: „Eine medizinische Versorgung nach deutschem Standard ist in Kosovo nicht gewährleistet. Auch Krankenhäuser verfügen nicht immer über adäquate Ausstattung und sind mitunter nicht in der Lage, Patienten mit bestimmten Krankheitsbildern angemessen medizinisch zu versorgen.

Die Hygiene ist im Allgemeinen unzureichend. Medikamente müssen in jedem Fall privat erworben werden. Ärzte bieten häufig verbesserte Privatbehandlung an, sofern man den gewünschten Preis zahlt." Diese Einschätzung stammt nicht von einem dahergelaufenen, linken Flüchtlingsrat, sondern vom Auswärtigen Amt.
Der Kosovo ist zu einer europäischen Drehscheibe geworden. Aber nicht für Demokratie und Rechtstaatlichkeit, sondern für Heroin. 80 Prozent des gesamteuropäischen Heroinhandels werden über den Kosovo abgewickelt. Und über eine Handvoll Riesenbordelle werden die Gelüste der Europäer nach junger Mädchenhaut gestillt. Was für ein Zynismus, Kriegsflüchtlinge als sexuelle Gefahr anzuprangern, und dabei die Berlusconis und Strauss-Kahns auszublenden, die sich ihre Hosen gerne von den Mädchen, die zum großen Teil über den Kosovo verteilt werden, öffnen lassen.

Der frühere Premierminister des Kosovo war ein gewisser Ramush Haradinaj. Er war in Den Haag angeklagt wegen etlicher Kriegsverbrechen. Der Fall war klar. Leider kamen während des Pozesses 19 Zeugen unter mysteriösen Umständen ums Leben, Haradinaj wurde in allen Punkten freigesprochen. Herr Seehofer, Sie wissen doch ganz genau, dass die Leute, die sich nachts über die grünen Grenzen nach Deutschland durchschlagen, nicht die wahren Verbrecher sind.
Bis in die höchsten Parlamentskreise sind Waffen- Und Mädchenhandel nachgewiesen. In einem geheimen, doch publik gemachten, Dokument des BND ist zu lesen, wie sehr man sich sogar in Den Haag vor den Verbrecherköpfen des Kosovo fürchtet.

Ein armes Land, regiert von Mafiabanden, in dem es kein Vorwärtskommen ohne Korruption gibt, wollen Sie allen Ernstes zu einem „sicheren Herkunftsland" erklären, bloß weil wir angeblich an den Grenzen der Belastabrkeit angekommen sind. Unser angeblich schönstes und reichstes Land der Welt? An den Belastungsgrenzen?
Ja.
Wir sind tatsächlich an der Belastungsgrenze angekommen. An einer moralischen. Wie lange wollen wir die Bilder von toten Flüchtlingen an Stränden und in LKWs noch ertragen? 71 Erstickte, abgestellt an einer Autobahnbucht. Darunter eine Familie, Vater, Mutter, und drei Kinder. Die weder Sie noch mich ausrauben wollten, sondern die in Todesangst aus ihrer Heimat geflohen sind,
Inzwischen sind die Opfer identifiziert. Bis aus Afghanistan kam Post zu den Ermittlungsbeamten: ein Stück Papier mit ein paar Blutstropfen darauf, für den DNA-Nachweis. Die Tränen waren nicht darauf.
Wie reagieren wir darauf? Mit der Schließung der Grenzen. Ein paar Verhaftungen von Schleusern, und ein Lehrer in Polen, der seine Schüler im Physikunterricht ausrechnen lässt, wie viele Syrer von Bord gestoßen werden müssen, damit ihr überfülltes Floß schwimmfähig bleibt und Griechenland erreichen kann. Der Lehrer wird nicht entlassen. Das Direktorat erklärte, es sei ja erst sein erstes Fehlverhalten gewesen.
Herr Seehofer, es gibt zur Zeit einiges, über was man sich aufregen muss.
Flüchtlinge aus dem Kosovo sind es nicht!

Gott und die Welt

Bei feierlichen Reden werden ganz gern die sogenannten Werte, auch die moralischen, hoch gepriesen: „Wir müssen die Werte, von denen unser Grundgesetz geprägt ist, wie das christliche Menschenbild, (…) sowie die Solidarität mit den Schwachen wieder stärker in den Mittelpunkt stellen. Sie sind das Fundament auf dem Weg aus der aktuellen Krise." Diese Worte benutzten Sie beim Festakt zum 60. Geburtstag des Grundgesetzes. Toll. Und ich stimme Ihnen fast zu, CSU hin oder her. Auf der anderen Seite betonten Sie schon vor fünf Jahren, „Wir wollen nicht zum Sozialamt für die ganze Welt werden." Da fällt einem doch auf, dass Sie da sagen: wir *wollen* nicht. Egal, ob wir es könnten, oder nicht, wir *wollen* nicht.

Ein Sozialamt ist ein wenig einladender Ort, da muss man Nummern ziehen, da wird man abgewiesen, wenn man das gelbe Formular dabeihat, wo man doch das grüne hätte mitbringen sollen, und im Winter mieft und muffelt es, weil es durch die anscheinend gottgewollte zentrale Heizungsregulierung 48 Grad hat. Sowas will kein Mensch als Heimat.

Aber Sie haben ja mit Ihrem Satz nicht die Verwaltungsbehörde kritisieren wollen, sondern eine Botschaft vermittelt, die da heißt: Arme der Welt, bleibt daheim! Herr Seehofer, selbst wenn Sie nun ins Feld führen dürfen, dass wir doch in der Realität hunderttausende Arme und Fremde aufnehmen, ist die Haltung Ihrer Politik von bedenklicher Einfachheit.

Was ist der Grund, dass Sie die Wahrheiten über

unsere Welt in so massiver Weise ignorieren? Wir Deutsche, und gerade die Bayern, sind das Migrationsvolk Nummer eins. Sechs Millionen Nachfahren der deutschen Auswanderer leben heute noch in USA, eine Million Nachfahren in Brasilien, eine weitere Million in Südafrika usw. Unsere bayerischen Groß- und Urgroßväter waren Migranten ersten Ranges. Und ein kurzer Blick in die Geschichtsbücher zeigt: es handelte sich bei ihnen ausschließlich um das, was wir heute als „Wirtschaftsflüchtlinge“ betiteln würden. Doch genau diese Verwandtschaft war es, die meiner Mama nach 1945 Carepakete aus Amerika geschickt hat, Überlebensrationen für die Zurückgebliebenen. Siebzig Jahre später kommt uns das Geld zu den Ohren heraus, die Wirtschaft boomt, trotz Griechenland, trotz Mindestlohn, trotz EU-Auflagen, trotz trotz trotz...
Wir könnten derzeit viel mehr Verständnis und Weitblick zeigen, und vor allem schnelleres Handeln an den Tag legen. Die letzten Monate haben gezeigt, dass die sogenannte Flüchtlingskrise:
Erstens - finanziell kein Problem darstellt.
Zweitens - kulturell uns in keiner Weise beeinträchtigt.
Drittens - die Alterspyramide Deutschlands in ein normales Maß bringen kann.
Viertens - die Unterbringung und Versorgung nur ein zu lösendes logistisches Problem darstellt.

Warum benutzen Sie dann Sätze wie diesen: „Die Reduzierung der Flüchtlingszahlen ist unabdingbar.“ Sie fordern, dass die Menschen Deutsch lernen, und wollen gleichzeitig Zehntausenden von Flüchtlingen die

Teilnahme am Deutschkurs verweigern, wenn sie laut dem kürzlich beschlossenem Asylverfahrensbeschleunigungsgesetz nicht über „gute Bleiberechtsperspektiven" verfügen. Das ist ein erschreckendes Beispiel dafür, wie Paragraphen die Lebenswirklichkeit abtöten.

Wir sind reich, die meisten anderen arm. Herr Seehofer, Sie wissen ganz genau, es gab keine Zeit der Weltgeschichte, in der sich nicht nach einiger Zeit die Armen aufgemacht haben, um zu den Reichen zu kommen.
Es ist das Normalste dieser Welt!
Was die Geschichte noch zeigt: der Bau von Wassergräben, Türmen, Elektrozäunen, die Aufstellung von Schildern und Soldaten, das Vergraben von Minen – hat noch nie die Reichen und ihre Reiche geschützt. Noch nie!
Warum tun Sie es dann? Sie wehren sich gegen Unabwendbares. Das ist unlogisch und vergeudet Kräfte.

Ihre Partei hat ihre christliche Weltsicht schriftlich fixiert, sie taucht im ehrwürdigen Grundsatzprogramm genauso auf wie auf den CSU-Accounts von Twitter und Facebook. Und die Reisen nach Rom zum Shakehands mit dem Papst sind heißbegehrt. Den Segen abholen. Aber wofür? Liest denn keiner mehr, was der Papst sagt? Sein „Diese Wirtschaft tötet" ist völlig richtig , aber in der Realpolitik vielen zu sozialistisch überhöht. Aber Papst Franziskus sagt auch andere gute Dinge: „Das gemeinsame Haus aller Menschen muss sich weiterhin über dem Fundament der universalen Brüderlichkeit und der Achtung der Unantastbarkeit jedes menschlichen Lebens erheben – jedes Mannes, und jeder Frau;

der Armen, der Kinder, der Kranken, der Ungeborenen, der Arbeitslosen, der Verlassenen, und derer, die man meint „wegwerfen“ zu können, weil man sie nur als Nummer der einen oder anderen Statistik betrachtet.“

Herr Seehofer, wir wissen alle, dass Sie sich durchaus Sorgen machen. Aber worüber? Ist es die Sorge um die Menschen oder die Sorge um die Macht Ihrer Partei? Eine Mischung aus beidem? Doch die Sorge um die Menschen zieht dabei den kürzeren. Sonst würden Sie nicht so unbesorgt auf Fakten zurückgreifen, die gar keine sind. „In den Flüchtlingslagern in Nahost ist durch falsche Signale aus Deutschland eine Sogwirkung entstanden.“ Mit Verlaub, ich bin seit 2012 mehrmals im Monat in Flüchtlingslagern und Tatsache ist: es gibt keine Sogwirkung. Absolut keine. Der Mittelstand Syriens ist seit Ende 2014/Anfang 2015 zusammengebrochen. Das ist die Wahrheit. Menschen, die in Hama eine Bäckerei hatten, stehen vor dem Nichts, Schuldirektoren, in den Libanon geflohen, schlafen auf einer durchnässten Matratze, zu viert. Die IAB, die Forschungseinrichtung der Bundesagentur für Arbeit hat in ihrer Statistik für September 2015 festgestellt, dass 37 Prozent der erwachsenen „Neuzuwanderer“ einen akademischen Abschluß haben und 27 Prozent eine abgeschlossene Berufsausbildung.
Diejenigen aus dem Mittelstand, die 2015 noch ein paar Reste Bargeld für die Überfahrt haben, versuchen, rettendes Land zu erreichen. Nicht nur Europa, auch Kanada oder Australien. Der Grund ist einfach: sie haben Sorge, den nächsten Winter nicht zu überleben.
Und diese Sorge ist berechtigt.

Herr Seehofer, auch das sind Ihre Worte: „Wir fühlen uns dem christlichen Menschenbild verbunden, das ist das, was uns ausmacht.“ Wer das nicht akzeptiert, „der ist bei uns fehl am Platz“. Wenn die Worte von Papst Franziskus auch nur annähernd das christliche Menschenbild widerspiegeln, ist dann nicht auch Ihr Parteikollege Friedrich „fehl am Platz“, der über Armutsflüchtlinge aus Bulgarien sagte: „Wenn die dann irgendwo aufgegriffen werden, dann kann man ohne grossen Federlesens sie wieder rausschmeißen, und das ist das Entscheidende“.

Im gegenwärtigen Handeln und noch viel weniger im gegenwärtigen Reden vieler Ihrer christlichen Politikerkollegen kann ich christliche Weltsicht entdecken. „Wir haben eine jahrhundertelange Tradition, die in den christlich-jüdischen Wurzeln fußt.“ Dieser Satz stammt von Ihnen, aber ist ja tausendfach auch von anderen in ähnlichen Varianten zu lesen und zu hören. Das Bittere daran ist, dass wir laut Umfragen einen nicht unerheblichen Antisemitismus im Land haben von Leuten, denen der jüdische Anteil an unserer Geschichte anscheinend zu hoch ist. Die Zahl der Angriffe auf jüdische Einrichtungen ist erschreckend. Juden werden auf offener Straße angegriffen aus einem einzigen Grund: weil sie Juden sind. Und bei sogenannten Palästinenser-Demos wird im Sommer 2014 geschrien: „Jude, Jude, feiges Schwein, komm heraus und kämpf allein.“

Auf der anderen Seite schrammt das Herausstellen des christlich-jüdischen Erbes knapp an der Geschichtsfälschung vorbei. Denn unsere größten Errungenschaften fußen nicht auf der religiösen Historie, sondern genau in der Überwindung der damals angestaubten Welt von Kirche, Pfaffen und Hexenverbrennung.

Die Welt, auf die wir stolz sind, ist die Welt der Aufklärung.

In Bayern kamen die Aufklärer aus Universität und Kirche. Über meinem Schreibtisch hängen ihre Bildnisse, da schauen Lorenz Westenrieder, Anton Bucher, Andreas Zaupser, Johann Pezzl auf mich herunter. Nach den drei letzteren ist nicht einmal eine Straße benannt. Obwohl die Mondlandung, eine Blinddarmoperation, Eisenbahn und Mikroskop, Gleichberechtigung, Grundgesetz, Fernsehen und Medienwelt, und nicht zuletzt die Wahl eines bayerischen Ministerpräsidenten ohne Überwindung der alten christlich-jüdischen Traditionswelt nicht möglich gewesen wären.
Die Aufklärung, das heißt auch: Gleichheit *aller* Religionen. Unsere heutige Welt hat Kant mehr geprägt als Ganghofer. Vor 250 Jahren gab es so viele aufgeklärte Geister in Deutschland, dass ein Staatsoberhaupt, König Friedrich II. von Preußen (der Große) am 15. Juni 1740 verfügen konnte: „Alle Religionen Seindt gleich und guht, wan nuhr die leüte so sie profesiren Erliche leüte seindt, und wen Türken und Heiden kähmen und wolten das Land Pöpliren, so wollen wier sie [*gemeint: ihnen*] Mosqueen und Kirchen bauen."

Jahrhunderte später pflegen wir die Angst vor dem Islam.

Mein Brief soll keine Zitatensammlung werden, aber belegen, dass Sie selbst, dazu viele Ihrer Politiker- und Parteikollegen, zu Aussagen greifen, die nichts mit Papst, Aufklärung, humanitärer Weltsicht zu tun haben. All das wissen Sie ganz genau, wieso tun Sie es trotzdem?

Papst Franziskus sagte am 25. September 2015 vor der UNO-Versammlung in New York nach seinen Sätzen über den Zustand der Welt: „Dieses Verständnis und diese Achtung erfordert eine höhere Stufe der Weisheit.“ Das erinnert an Platon, von dem die Aussage überliefert ist, dass Staaten nur blühen, wenn Philosophen herrschen. Karl Popper sah das anders. Der meinte nämlich, man müsse immer mit inkompetenten Herrschern rechnen. Staatsoberhäupter seien „moralisch oder intellektuell selten über und oft unter dem Durchschnitt“.
Als am 13. November 2015 an mindestens fünf verschiedenen Orten in Paris 130 Menschen getötet wurden und über 300 verletzt, da hielt die Welt den Atem an. Nur zehn Monate nach Charlie Ebdo. Obwohl die Terroristen von IS und al Qaida seit Jahren damit drohten, Europa mit Bluttaten zu überziehen, waren wir überrascht. Der zukünftige bayerische Ministerpräsident Markus Söder verliert aber keine Zeit mit Innehalten, sondern prescht voraus mit seiner Sicht der Dinge: „Die Zeit unkontrollierter Zuwanderung und illegaler Einwanderung kann so nicht weitergehen. Paris ändert alles.“ Er bringt die Flüchtlinge insgesamt in Misskredit. Absichtlich. Das ist aus moralischer Sicht nicht schön, sogar böse. Aber aus politischer Sicht ist es eine Katastrophe. Jeder, der sich in der Materie des Nahostkonflikts ein wenig auskennt, ist entsetzt. Denn wir kennen die Ziele von IS und al-Qaida genau: Sie wollen zwischen Europa und den Muslimen größtmögliches Misstrauen, Zwist und Hass schüren. Je größer der Keil ist, je mehr die Muslime in Europa diskreditiert werden, umso größer ist die Möglichkeit, sie in die Hände von IS und

al-Qaida zu locken. Das ist IS-Politik. Und genau mit solchen Aussagen spielt Markus Söder in die Hände der Terroristen. Ein deutsch-libanesischer Freund hat mir daraufhin gessagt: „IS braucht keinen Außenminister, die haben Markus Söder."

Und wer nach Terror und frei erfundenen Vergewaltigungen durch syrische Einwanderer noch immer keine Angst hat , dem wird die „Familienzusammenführung" um die Ohren gehauen. Für eine Familienzusammenführung sind für die wartenden Familienmitglieder, zum Beispiel im Libanon, nötig:
Ordentliche Papiere.
Ein Termin in der Deutschen Botschaft.
Die Papiere liegen oftmals in der Schublade in dem Schrank in der Wohnung in dem Haus, das nur noch Schutt und Asche ist.
Und der Termin in der Botschaft, bei dem ja erst verhandelt werden wird, was man alles braucht, für eine vielleicht in Aussicht stehende Familienzusammenführung, liegt in weiter Ferne. Bei meinem Besuch in der Deutschen Botschaft im Oktober 2015 war der nächste freie Termin für wartende Syrer: der 16. August 2016.
Das Kleingedruckte dabei ist zynisch: Kinder über 18 dürfen nicht mit, sondern müssen im Libanon bleiben. Können Sie ermessen, was für ein Gewissenskonflikt damit geschürt wird, wenn die 18-jährige traumatiserte Tochter plötzlich alleine zurückbleiben soll? Wo die Familie es endlich geschafft hat, eine andere Zukunft als Elend und Not zu sehen. Bringt uns dieses 18-jährige Mädchen so aus dem Gleichgewicht?

Schade, ich hatte gehofft, dass meine Heimat mehr leisten kann.

Und ich weiß, dass meine Heimat Enormes leisten kann, um Individuen vor Hunger, Kälte und Not zu schützen. Es ist sogar gesetzlich festgehalten:
„Paragraph 2:
Einem einzeln gehaltenen Hund ist täglich mehrmals die Möglichkeit zum länger dauernden Umgang mit Betreuungspersonen zu gewähren, um das Gemeinschaftsbedürfnis des Hundes zu befriedigen.
Paragraph 4:
Die Schutzhütte muss aus wärmedämmendem und gesundheitsunschädlichem Material hergestellt und so beschaffen sein, dass der Hund sich daran nicht verletzen und trocken liegen kann."
Zitiert aus der Tierschutz-Hundeverordnung, worin auch festgeschrieben ist, dass einem großen Hund 10 Quadratmeter Bodenfläche zur Verfügung stehen müssen.

Der Beschluss der CSU im Herbst 2015:
„Als Notmaßnahme müssen auch Zurückweisungen unmittelbar an der Grenze erfolgen." Zurückgewiesen werden – Menschen.
Keine Hunde.

Anstelle eines Schlusswortes.

In der aktuellen Diskussion geht es meines Erachtens nicht um Geld, Macht oder Religion. Es geht um Kultur. Kultur ist ein weites Feld, vielschichtig. Selbst für die meisten Einheimischen ist „unsere“ Kultur ein Rätsel. Doktor Faustus: Nimmt der Privatpatienten? Säkularisation: das Amt für Abwasserreinigung? Wilhelm Hoegner: Torwart oder Mittelfeld? Wie auch immer. Aber unsere Kultur ist beispielsweise auch dies:

„Es treten auf: Kaiser Overall von Atlantis in eigener Person, den man schon seit Jahren nicht gesehen hat, denn er ist in seinem Riesenpalast eingeschlossen, ganz allein, um besser regieren zu können.“

Das ist aus dem Prolog der Oper „Der Kaier von Atlantis“ von Viktor Ullmann, der im Oktober 1944 in Auschwitz ermordet wurde. Komponiert hat er die Oper im KZ Theresienstadt. Ullmann war schon über dreißig Jahre tot, als sein Werk 1975 endlich uraufgeführt wurde. Übrigens: im Ausland.

Für alle, die es in der Kultur lieber kurz und umkompliziert haben wollen:

„Fremd ist der Fremde nur in der Fremde.“

Wohl einer der berühmtesten Sprüche des Münchners Karl Valentin. Münchner? Seine Mutter ist aus Sachsen, sein Vater aus Hessen. Für Bayern: Fremde. Wie schön, dass es sie gab!

Mit freundlichen Grüßen und der Bitte an Sie, Herr Ministerpräsident, um eine sachliche und humane Politik,

Ihr

Christian Springer